T0161712

CLASSIQUES JAUNES

Littératures francophones

Le Malade imaginaire

Molière

Le Malade imaginaire

Édition critique par Charles Mazouer

PARIS
CLASSIQUES GARNIER
2023

Charles Mazouer, professeur honoraire à l'université de Bordeaux Montaigne, est spécialiste de l'ancien théâtre français. Outre l'édition de textes de théâtre des XVIe et XVIIe siècles, il a notamment publié *Molière et ses comédies-ballets*, les trois tomes du *Théâtre français de l'âge classique*, *Théâtre et christianisme. Études sur l'ancien théâtre français*, ainsi que deux volumes consacrés à *La Transcendance dans le théâtre français*.

Illustration de couverture : *Le malade imaginaire*, artiste inconnu. Source : www.meisterdrucke.de

ISBN 978-2-406-14165-5
ISSN 2417-6400

ABRÉVIATIONS USUELLES

Acad.   *Dictionnaire de l'Académie* (1694)
C.A.I.E.F.   *Cahiers de l'Association Internationale des Études Françaises*
FUR.   *Dictionnaire universel* de Furetière (1690)
I. L.   *L'Information littéraire*
P.F.S.C.L.   *Papers on French Seventeenth-Century Literature*
R.H.L.F.   *Revue d'Histoire Littéraire de la France*
R.H.T.   *Revue d'Histoire du Théâtre*
RIC.   *Dictionnaire français* de Richelet (1680)
S.T.F.M.   Société des Textes Français Modernes
T.L.F.   Textes Littéraires Français

AVERTISSEMENT

L'ÉTABLISSEMENT DES TEXTES

Il ne reste aucun manuscrit de Molière.

Si l'on s'en tient au XVIIe siècle[1], comme il convient – Molière est mort en 1673 et la seule édition posthume qui puisse présenter un intérêt particulier est celle des *Œuvres* de 1682 –, il faut distinguer cette édition posthume des éditions originales séparées ou collectives des comédies de Molière.

Sauf cas très spéciaux, comme celui du *Dom Juan* et du *Malade imaginaire*, Molière a pris généralement des privilèges pour l'impression de ses comédies et s'est évidemment soucié de son texte, d'autant plus qu'il fut en butte aux mauvais procédés de pirates de l'édition qui tentèrent de faire paraître le texte des comédies avant lui et sans son aveu. C'est donc le texte de ces éditions originales qui fait autorité, Molière ne s'étant soucié ensuite ni des réimpressions des pièces séparées, ni des recueils factices constitués de pièces

---

1   Le manuel de base : Albert-Jean Guibert, *Bibliographie des œuvres de Molière publiées au XVIIe siècle*, 2 vols. en 1961 et deux *Suppléments* en 1965 et 1973 ; le CNRS a réimprimé le tout en 1977. Mais les travaux continuent sur les éditions, comme ceux d'Alain Riffaud, qui seront cités en leur lieu. Voir, parfaitement à jour, la notice du t. I de l'édition dirigée par Georges Forestier avec Claude Bourqui des *Œuvres complètes* de Molière, 2010, p. cxi-cxxv, qui entre dans les détails voulus.

déjà imprimées. Ayant refusé d'endosser la paternité des *Œuvres de M. Molière* parues en deux volumes en 1666, dont il estime que les libraires avaient obtenu le privilège par surprise, Molière avait l'intention, ou aurait eu l'intention de publier une édition complète revue et corrigée de son théâtre, pour laquelle il prit un privilège ; mais il ne réalisa pas ce travail et l'édition parue en 1674 (en six volumes ; un septième en 1675), qu'il n'a pu revoir et qui reprend des états anciens, n'a pas davantage de valeur.

En revanche, l'édition collective de 1682 présente davantage d'intérêt – même si, pas plus que l'édition de 1674, elle ne représente un travail et une volonté de Molière lui-même sur son texte[2]. On sait, indirectement, qu'elle a été préparée par le fidèle comédien de sa troupe La Grange, et un ami de Molière, Jean Vivot. Si, pour les pièces déjà publiées par Molière, le texte de 1682 ne montre guère de différences, cette édition nous fait déjà connaître le texte des sept pièces que Molière n'avait pas publiées de son vivant (*Dom Garcie de Navarre*, *L'Impromptu de Versailles*, *Dom Juan*, *Mélicerte*, *Les Amants magnifiques*, *La Comtesse d'Escarbagnas*, *Le Malade imaginaire*). Ces pièces, sauf exception, seraient autrement perdues. En outre, les huit volumes de cette édition entourent de guillemets les vers ou passages omis, nous dit-on, à la représentation, et proposent un certain nombre de didascalies censées représenter la tradition de jeu de la troupe de Molière. Quand on compare les deux états du texte, pour les pièces déjà publiées du vivant de Molière, on s'aperçoit que 1682 corrige (comme le prétend la Préface)... ou ajoute des fautes et propose des variantes

---

2   Voir Edric Caldicott, «Les stemmas et le privilège de l'édition des *Œuvres complètes* de Molière (1682)», [in] *Le Parnasse au théâtre...*, 2007, p. 277-295, qui montre que Molière n'a jamais entrepris ni contrôlé une édition complète de son œuvre, ni pour 1674 ni pour 1682.

(ponctuation, graphie, style, texte) passablement discutables. Bref, cette édition de 1682, malgré un certain intérêt, n'autorise pas un texte sur lequel on doute fort que Molière ait pu intervenir avant sa mort.

Voici la description de cette édition :

– Pour les tomes I à VI : LES / OEUVRES / DE / MONSIEUR / DE MOLIERE. Reveuës, corrigées & augmentées. / *Enrichies de Figures en Taille-douce.* / A PARIS, / Chez DENYS THIERRY, ruë saint Jacques, à / l'enseigne de la Ville de Paris. / CLAUDE BARBIN, au Palais, sur le second / Perron de la sainte Chapelle. / ET / Chez PIERRE TRABOUILLET, au Palais, dans la / Gallerie des Prisonniers, à l'image S. Hubert ; & à la / Fortune, proche le Greffe des Eaux & Forests. / M. DC. LXXXII. / *AVEC PRIVILEGE DV ROY.*

– Pour les tomes VII et VIII, seul le titre diffère : LES / OEUVRES / POSTHUMES / DE / MONSIEUR / DE MOLIERE. / Imprimées pour la première fois en 1682.

Je signale pour finir l'édition en 6 volumes des *Œuvres de Molière* (Paris, Pierre Prault pour la Compagnie des Libraires, 1734), qui se permet de distribuer les scènes autrement et même de modifier le texte, mais propose des jeux de scène plus précis dans ses didascalies ajoutées.

La conclusion s'impose et s'est imposée à toute la communauté des éditeurs de Molière. Quand Molière a pu éditer ses œuvres, il faut suivre le texte des éditions originales. Mais force est de suivre le texte de 1682 quand il est en fait le seul à nous faire connaître le texte des œuvres non éditées par Molière de son vivant. *Dom Juan* et *Le Malade imaginaire* posent des problèmes particuliers qui seront examinés en temps voulu.

Au texte des éditions originales, ou pourra adjoindre quelques didascalies ou quelques indications intéressantes de 1682, voire, exceptionnellement, de 1734, à titre de variantes – en n'oubliant jamais que l'auteur n'en est certainement pas Molière.

Selon les principes de la collection, la graphie sera modernisée. En particulier en ce qui concerne l'usage ancien de la majuscule pour les noms communs. La fréquentation assidue des éditions du XVIIᵉ siècle montre vite que l'emploi de la majuscule ne répond à aucune rationalité, dans un même texte, ni à aucune intention de l'auteur. La fantaisie des ateliers typographiques, que les écrivains ne contrôlaient guère, ne peut faire loi.

La ponctuation des textes anciens, en particulier des textes de théâtre, est toujours l'objet de querelles et de polémiques. Personne ne peut contester ce fait : la ponctuation ancienne, avec sa codification particulière qui n'est plus tout à fait la nôtre, guidait le souffle et le rythme d'une lecture orale, alors que notre ponctuation moderne organise et découpe dans le discours écrit des ensembles logiques et syntaxiques. On imagine aussitôt l'intérêt de respecter la ponctuation ancienne pour les textes de théâtre – comme si, en suivant la ponctuation d'une édition originale de Molière[3], on pouvait en quelque sorte restituer la diction qu'il désirait pour son théâtre !

---

3   À cet égard, Michael Hawcroft (« La ponctuation de Molière : mise au point », *Le Nouveau Moliériste*, nº IV-V, 1998-1999, p. 345-374) tient pour les originales, alors que Gabriel Conesa (« Remarques sur la ponctuation

Il suffirait donc de transcrire la ponctuation originale. Las ! D'abord, certains signes de ponctuation, identiques dans leur forme, ont changé de signification depuis le XVIIe siècle : trouble fâcheux pour le lecteur contemporain. Surtout, comme l'a amplement démontré, avec science et sagesse, Alain Riffaud[4], là non plus on ne trouve pas de cohérence entre les pratiques des différents ateliers, que les dramaturges ne contrôlaient pas – si tant est que, dans leurs manuscrits, ils se soient souciés d'une ponctuation précise ! La ponctuation divergente de différents états d'une même œuvre de théâtre le prouve. On me pardonnera donc de ne pas partager le fétichisme à la mode pour la ponctuation originale.

J'aboutis donc au compromis suivant : respect autant que possible de la ponctuation originale, qui sera toutefois modernisée quand les signes ont changé de sens ou quand cette ponctuation rend difficilement compréhensible tel ou tel passage.

PRÉSENTATION
ET ANNOTATION DES COMÉDIES

Comme l'écrivait très justement Georges Couton dans l'Avant-propos de son édition de Molière[5], tout commentaire d'une œuvre est toujours un peu un travail collectif, qui tient compte déjà des éditions antécédentes – et les éditions de

---

de l'édition de 1682 », *Le Nouveau Moliériste*, n° III, 1996-1997, p. 73-86) signale l'intérêt de 1682.

4   *La Ponctuation du théâtre imprimé au XVIIe siècle*, Genève, Droz, 2007.

5   *Œuvres complètes*, t. I, 1971, p. XI-XII.

Molière, souvent excellentes, ne manquent pas, à commencer par celle de Despois-Mesnard[6], fondamentale et remarquable, et dont on continue de se servir... sans toujours le dire. À partir d'elles, on complète, on rectifie, on abandonne dans son annotation, car on reste toujours tributaire des précédentes annotations. On doit tenir compte aussi de son lectorat. Une longue carrière dans l'enseignement supérieur m'a appris que mes lecteurs habituels – nos étudiants (et nos jeunes chercheurs) sont de bons représentants de ce public d'honnêtes gens qui auront le désir de lire les classiques – ont besoin de davantage d'explications et d'éléments sur les textes anciens, qui ne sont plus maîtrisés dans l'enseignement secondaire. Le texte de Molière sera donc copieusement annoté.

Mille fois plus que l'annotation, la présentation de chaque pièce engage une interprétation des textes. Je n'y propose pas une herméneutique complète et définitive, et je n'ai pas de thèse à imposer à des textes si riches et si polyphoniques, dont, dans sa seule vie, un chercheur reprend inlassablement (et avec autant de bonheur!) le déchiffrement. Les indications et suggestions proposées au lecteur sont le fruit d'une méditation personnelle, mais toujours nourrie des recherches d'autrui qui, approuvées ou discutées, sont évidemment mentionnées.

En sus de l'apparat critique, le lecteur trouvera, en annexes ou en appendice, divers documents ou instruments (comme une chronologie) qui lui permettront de mieux contextualiser et de mieux comprendre les comédies de Molière.

Mais, malgré tous les efforts de l'éditeur scientifique, chaque lecteur de goût sera renvoyé à son déchiffrement, à sa rencontre personnelle avec le texte de Molière!

---

6 *Œuvres complètes* de Molière, pour les « Grands écrivains de la France », 13 volumes de 1873 à 1900.

Nota bene :

1/ Les grandes éditions complètes modernes de Molière, que tout éditeur (et tout lecteur scrupuleux) est amené à consulter, sont les suivantes :

MOLIÈRE (Jean-Baptiste Poquelin, dit), *Œuvres*, éd. Eugène Despois et Paul Mesnard, Paris, Hachette et Cie, 13 volumes de 1873 à 1900 (Les Grands Écrivains de la France).

MOLIÈRE (Jean-Baptiste Poquelin, dit), *Œuvres complètes*, éd. Georges Couton, Paris, Gallimard, 1971, 2 vol. (La Pléiade).

MOLIÈRE (Jean-Baptiste Poquelin, dit), *Œuvres complètes*, édition dirigée par Georges Forestier avec Claude Bourqui, Paris, Gallimard, 2010, 2 vol. (La Pléiade).

2/ Le présent volume, comme tous ceux de la série des volumes de poche parus et à paraître en 2022-2023, sont issus du *Théâtre complet* de Molière, édité par Charles Mazouer (Paris, Classiques Garnier, 5 volumes de 2016 à 2021).

3/ Signalons quelques études générales, classiques ou récentes, utiles pour la connaissance de Molière et pour la compréhension de son théâtre – étant entendu que chaque comédie sera dotée de sa bibliographie particulière :

BRAY, René, *Molière homme de théâtre*, Paris, Mercure de France, 1954.

CONESA, Gabriel, *Le Dialogue moliéresque. Étude stylistique et dramaturgique*, Paris, PUF, s. d. [1983] ; rééd. Paris, SEDES, 1992.

CORNUAILLE, Philippe, *Les Décors de Molière. 1658-1674*, Paris, PUPS, 2015.

DANDREY, Patrick, *Molière ou l'esthétique du ridicule*, Paris, Klincksieck, 1992 ; seconde édition revue, corrigée et augmentée, en 2002.

DEFAUX, Gérard, *Molière ou les métamorphoses du comique : de la comédie morale au triomphe de la folie*, 2ᵉ éd., Paris, Klincksieck, 1992 (Bibliothèque d'Histoire du Théâtre) (1980).

DUCHÊNE, Roger, *Molière*, Paris, Fayard, 1998.

FORESTIER, Georges, *Molière*, Paris, Gallimard, 2018.

GUARDIA, Jean de, *Poétique de Molière. Comédie et répétition*, Genève, Droz, 2007 (Histoire des idées et critique littéraire, 431).

JURGENS, Madeleine et MAXFIELD-MILLER, Élisabeth, *Cent ans de recherches sur Molière, sur sa famille et sur les comédiens de sa troupe*, Paris, Imprimerie nationale, 1963. – Complément pour les années 1963-1973 dans *R.H.T.*, 1972-4, p. 331-440.

MCKENNA, Anthony, *Molière, dramaturge libertin*, Paris, Champion, 2005 (Essais).

MONGRÉDIEN, Georges, *Recueil des textes et des documents du XVIIᵉ siècle relatifs à Molière*, Paris, CNRS, 1965, 2 volumes.

PINEAU, Joseph, *Le Théâtre de Molière. Une dynamique de la liberté*, Paris-Caen, Les Lettres Modernes-Minard, 2000 (Situation, 54).

4/ Sites en ligne :

Tout Molière.net donne déjà une édition complète de Molière.

Molière 21, conçu comme complément à l'édition 2010 des *Œuvres complètes* dans la Pléiade, donne une base de données intertextuelles considérable et offre un outil de visualisation des variantes textuelles.

CHRONOLOGIE

Février 1673[1]

1673   Début de février. Annoncé par *Le Mercure galant* début août 1672 pour être représenté au carnaval suivant, *Le Malade imaginaire* a été mis en répétition à l'automne, La Grange signalant une septième répétition dans les premiers jours de février.

10 février. Création du *Malade imaginaire,* avec la musique de Marc-Antoine Charpentier et les ballets de Beauchamps.

17 février. Quatrième représentation du *Malade imaginaire.* « Ce même jour, écrit La Grange dans son Registre, après la comédie, sur les 10 heures du soir, Monsieur de Molière mourut dans sa maison rue de Richelieu, ayant joué le rôle dudit Malade imaginaire fort incommodé d'un rhume et fluxion

---

1   Comme pour les volumes précédents, la chronologie a été établie d'abord à partir des documents sûrs que donnent Madeleine Jurgens et Élisabeth Maxfield-Miller, *Cent ans de recherches sur Molière, sur sa famille et sur les comédiens de sa troupe* (Paris, Imprimerie nationale, 1963), et Georges Mongrédien, *Recueil des textes et documents du XVIIᵉ siècle relatifs à Molière* (Paris, CNRS, 1965, 2 vol.). Ces documents ont été repris et complétés dans les grandes éditions du *Théâtre complet* de Molière, celle de Georges Couton, en 1971, et celle de Georges Forestier avec Claude Bourqui, en 2010 (avec ses compléments en ligne dans le site *Molière 21*) ; et ils servent de base aux principales biographies du dramaturge : le *Molière* de Roger Duchêne (Paris, Fayard, 1998) et celui de Georges Forestier (Paris, Gallimard, 2018). De tous, nous avons fait notre profit.

sur la poitrine, qui lui causait une grande toux, de sorte que dans les grands efforts qu'il fit pour cracher il se rompit une veine dans le corps et ne vécut pas demi-heure ou trois quarts d'heure depuis ladite veine rompue ». Molière mourut donc exactement un an après Madeleine Béjart, jour pour jour. Molière, qui avait fait ses Pâques en 1672, voulut mourir chrétiennement et réclama à sa paroisse, Saint-Eustache, un prêtre pour lui donner l'extrême-onction ; deux prêtres refusèrent de venir et un troisième arriva trop tard. Et comme Molière était mort sans confession et sans la renonciation à son métier de comédien, le curé de Saint-Eustache lui refusa la sépulture chrétienne.

18-20 février. Sa veuve Armande Béjart supplia le roi qui la renvoya à l'archevêque de Paris, tout en faisant discrètement pression sur le prélat, lequel autorisa la sépulture ecclésiastique, « à condition néanmoins que ce sera sans aucune pompe et avec deux prêtres seulement et hors des heures du jour et qu'il ne se fera aucun service solennel pour lui… »

21 février. Molière est donc inhumé à la sauvette dans le cimetière Saint Joseph, qui dépendait de Saint-Eustache.

LE MALADE IMAGINAIRE

INTRODUCTION

Imprimé, après la mort de Molière, comme « comédie mêlée de musique et de danse » – c'est-à-dire comme comédie-ballet –, *Le Malade imaginaire* fait fi de la séparation des genres et propose, en guise d'ultime chef-d'œuvre de notre dramaturge, ce qu'on a appelé « le modèle d'une comédie plénière[1] ». Dans cette comédie-ballet, les procédés du comique farcesque font alliance avec la profondeur de l'analyse morale ; on reprendrait volontiers, en la détournant passablement de son sens originel, l'expression courte en usage dans notre théâtre médiéval de « farce morale » pour désigner *Le Malade imaginaire*, auquel la mort de Molière lors de la quatrième représentation confère une aura quelque peu mythique. On ne sait ce que Molière aurait pu créer après le 17 février 1673, mais son *Malade imaginaire* représente bien un couronnement pour une œuvre qui sut toujours mêler le rire à la recherche de la vérité humaine.

LES CIRCONSTANCES

Si l'on en croit le Prologue de 1673, *Le Malade imaginaire* semble bien avoir été conçu à l'origine pour un

---

1   Robert Garapon, *Le Dernier Molière...*, 1977, p. 220-221.

divertissement royal, à la suite des exploits victorieux de
la campagne de 1672 :

> Après les glorieuses fatigues et les exploits victorieux de notre
> auguste monarque, il est bien juste que tous ceux qui se mêlent
> d'écrire travaillent ou à ses louanges, ou à son divertissement.
> C'est ce qu'ici l'on a voulu faire, et ce prologue est un essai des
> louanges de ce grand prince, qui donne entrée à la comédie
> du *Malade imaginaire*, dont le projet a été pour le délasser de
> ses nobles travaux.

Cela dit, la rupture avec Lully, plus que jamais bien en
cour, l'obligation de demander à un jeune rival de l'ombrageux
Lully, Marc-Antoine Charpentier[2], d'écrire la musique, pou-
vaient rendre sceptique Molière sur la possibilité réelle d'être
représenté à la cour. De toute façon, Molière avait toujours
donné à la ville les spectacles musicaux d'abord créés à la
cour. Forcé ou d'enthousiasme, il inversa l'ordre et son *Malade
imaginaire* fut ainsi créé au Palais-Royal le 10 février 1673.
Avec des frais importants, comme l'indique le Registre de
La Grange, à la relâche de Pâques, après la mort de Molière,
quand il fait le bilan des dépenses engagées (et non encore
éteintes) pour *Le Malade imaginaire* :

> Les frais de ladite pièce du *Malade imaginaire* ont été grands à
> cause du prologue et des intermèdes remplis de danses, musique
> et ustensiles, et se sont montés à deux mille quatre cents livres.
> Les frais journaliers ont été grands à cause de douze vio-
> lons à 3 livres, douze danseurs à 5 livres 10 sols, 3 sympho-
> nistes à 3 livres, 7 musiciens ou musiciennes, dont il y en a
> deux à 11 livres, les autres à 5 livres 10 sols. Récompenses à
> M. Beauchamps pour les ballets, à M. Charpentier pour la
> musique. Une part à M. Baraillon pour les habits. Ainsi lesdits
> frais se sont montés par jour à 250 livres.

---

2   Voir Charles Mazouer, « Molière et Marc-Antoine Charpentier »,
    C.A.I.E.F., mai 1989, n°41, p. 145-160.

Ce n'est qu'à l'été 1674, le 19 juillet, que la dernière comédie-ballet de Molière fut intégrée à des divertissements donnés par le roi à toute la cour, au retour de la conquête de la Franche-Comté, à Versailles. Félibien, encore une fois, nous laisse une relation de cette festivité[3], avec ses étapes traditionnelles : visite de la ménagerie, collation donnée aux dames, promenade en gondole sur le canal, « dans le silence de la nuit qui commençait à paraître ». Arriva l'heure du plaisir théâtral, le théâtre ayant été construit devant la Grotte de Thétis, qui lui servait de fond, et servait même à la décoration de la scène. Le mélange de rocailles, de cascades éclairées par des bougies, d'éléments architecturaux, de statues et d'éclairage – Le Pautre en a laissé aussi des images –, s'il convenait au grand Prologue du *Malade imaginaire*, surprend singulièrement pour la comédie bourgeoise, et passablement farcesque, confinée dans la chambre d'un malade ! Et l'on ne dit pas si c'est bien la musique de Charpentier qui fut donnée, avec les effectifs initiaux, que Lully s'était employé à réduire par ses interdictions.

Quoi qu'il en soit, avant ou après les interdictions de Lully qui obligèrent Charpentier à refaire un Prologue – du coup moins coûteux pour sa réalisation –, avant ou après la mort de Molière, la pièce connut un grand succès et de très bonnes recettes.

---

3   *Les Divertissements de Versailles* (1674), ont été publiés par Martin Meale dans le recueil suivant : André Félibien, *Les Fêtes de Versailles...*, 1994.

UNE ULTIME COMÉDIE-BALLET

Le programme musical et dansé du *Malade imaginaire*, sans connaître l'hypertrophie de celui du *Bourgeois gentilhomme*, reste considérable : avec le grand Prologue, les trois intermèdes qui suivent les trois actes et le petit opéra impromptu en spectacle intérieur du deuxième acte, il faut près d'une heure pour jouer la partition de Charpentier, dont presque d'une demi-heure pour la seule grande églogue initiale en musique et en danses qui constitue le Prologue. Et quelle variété[4] !

Le Prologue du *Malade imaginaire* a une histoire mouvementée, due à la brouille esthétique entre Molière et Lully. En mars 1672, Lully obtint le privilège de l'opéra, qui créait l'Académie royale de musique et assurait au musicien le monopole de la composition et de la représentation des opéras dans tout le royaume – Molière refusant de son côté ce type de spectacle où le poète est soumis au musicien, alors que la comédie-ballet assure la primauté au dramaturge. Lully alla même plus loin, interdisant aux autres théâtres de faire « aucunes représentations accompagnées de plus de deux airs et de deux instruments sans sa permission par écrit ». Limité à deux chanteurs et à deux instruments, Molière ne pouvait plus faire représenter ses comédies-ballets ! Avec ses

---

4   Voir les analyses de Charles Mazouer, *Molière et ses comédies-ballets*, nouvelle édition revue et corrigée, 2006. – Je me souviens encore d'un *Malade imaginaire* authentique et complet, réalisé par le metteur en scène Jean-Marie Villégier, assisté de William Christie pour la musique et de Francine Lancelot pour la danse, en 1990, dont le disque garde la trace. Pour les spectateurs peu habitués à cette profusion baroque des ornements, la belle musique, les danses donnaient parfois un peu l'impression, même, de reléguer au second plan Argan et sa famille...

camarades, il agit aussitôt et obtint que l'effectif musical aille jusqu'à six chanteurs et douze instruments – effectif que Molière et Charpentier dépassèrent pour *Le Malade imaginaire* « dans sa splendeur », comme dit la partition, et que Lully parvint à nouveau à réduire après la mort de Molière, d'où une deuxième version du Prologue, « avec les défenses », dit cette fois la partition de Charpentier, qui dut refaire une musique sur un nouveau texte. Seul le premier et grand Prologue doit nous intéresser.

LES ORNEMENTS

Cette « églogue en musique et en danse » a son lieu propre, différent de celui de la comédie bourgeoise : « un lieu champêtre fort agréable », le lieu de la pièce pastorale, avec ses personnages et son climat – ce que Marc Fumaroli appelle joliment « l'étage de l'imaginaire[5] », en opposition à l'étage du réel où se déroule la comédie du malade Argan.

Mais toute la dramaturgie de cette somptueuse églogue est orientée vers la louange du roi. Bergers et bergères sont conviés à laisser leurs troupeaux et leurs débats amoureux (relevez au passage les jolies plaintes amoureuses des bergers Tircis et Dorilas, que l'écriture musicale parvient à individualiser) pour appendre la grande nouvelle que le roi est de retour. Éclate alors un beau chœur d'allégresse, aux harmonies pleines, qui laisse place à une sorte d'intermède plus vif à C barré, avant de revenir à la joie tranquillement épanouie. Dès lors, le roi va être l'objet unique des chants des bergers ; avant de quitter la scène, ils entonnent, mêlés aux violons et à des entrées de danseurs, un dernier grand chœur en ré majeur :

---

5   « Aveuglement et désabusement dans *Le Malade imaginaire* », p. 105-114 de *Vérité et illusion dans le théâtre au temps de la Renaissance*, 1983.

> Joignons tous dans ces bois
> Nos flûtes et nos voix,
> Ce jour nous y convie ;
> Et faisons aux échos redire mille fois :
> « LOUIS est le plus grand des rois ;
> Heureux, heureux qui peut lui consacrer sa vie ! »

Dans une mélodie affirmative, de faible amplitude, où les voix se superposent exactement en un chœur syllabique, on notera les jeux musicaux auxquels donne lieu le nom de LOUIS pour imiter l'écho : LOUIS (pour les valeurs, une croche suivie d'une blanche) est d'abord donné *forte*, répété en écho doucement, c'est-à-dire *piano*, puis repris encore en « subrecot », dit la partition manuscrite, c'est-à-dire *pianissimo*. Le jeu d'écho se trouve aussi à la mélodie des violons qui alternent avec les voix. La poésie, la musique et la danse – il ne faut pas oublier le travail de Beauchamp, le danseur et chorégraphe toujours fidèle de Molière – se sont bien unies pour proclamer que Louis XIV est le plus grand des rois.

Les deux premiers intermèdes n'ont pas cette envergure. Celui qui suit le premier acte[6], dont la musique a été assez récemment remise au jour, du moins selon le texte du livret de 1673 (le livret de 1674 donne en sus les couplets de Polichinelle et d'une Vieille), installe dans une autre sorte de fantaisie, celle du comique, et se moque du vieil amoureux laid et ridicule Polichinelle[7]. Les violons malicieux d'abord l'empêchent de chanter une sérénade sous le

---

6   Sur ce premier intermède, voir les développements de Catherine Cessac dans son *Marc-Antoine Charpentier* de 1988 (nouvelle édition revue et augmentée en 2004), et les travaux de John S. Powell (en dernier lieu « La métamorphose d'un intermède musical dans *Le Malade imaginaire* », *R.H.T.*, 1994-2, p. 155-178).

7   Sur ce type, voir Charles Mazouer, *Le Théâtre d'Arlequin*, 2002, pp 295-308 (« Polichinelle en France jusqu'aux théâtres de la Foire »).

balcon de sa « tigresse » (censément Toinette) ; la lecture de la partition propose un modèle d'originalité, de précision et de vie. Charpentier fait dialoguer Polichinelle parlant et la musique – les violons, puis le chœur d'archers. Les violons coupent donc la parole à Polichinelle et commencent un air unique qui est donné une fois en entier, à la suite, avant de se déployer à nouveau, mais entrecoupé par les répliques parlées de Polichinelle. Et quand celui-ci a fait taire l'« impertinente harmonie » et qu'il prélude déjà sur son luth, c'est le chœur des archers du guet qui s'en prend au fanfaron, l'oblige à lui verser 6 pistoles pour éviter la prison, après l'avoir gratifié de croquignoles et de coups de bâton appliqués en cadence plaisante et régulière. Quant au second intermède, il fait glorifier le plaisir par quelques chansons de femmes égyptiennes vêtues en Mores, qui invitent la jeunesse à profiter du printemps et à aimer. Cette invitation à l'amour distribue ses injonctions et ses apostrophes en des mètres divers, mais toujours courts.

Mais le second acte réserve une surprise musicale. En spectacle intérieur, et à la barbe d'Argan qui, devant les Diafoirus, veut faire chanter sa fille et le remplaçant du maître de musique (c'est Cléante dans cette imposture), Angélique et Cléante se déclarent tout simplement leur amour à la faveur de la fiction d'un petit opéra, sous les masques de berger (Tircis) et de bergère (Philis). Cléante explique d'abord longuement les circonstances de la fiction de ce petit opéra impromptu et introduit ainsi le chant : l'amour est trop fort et il doit s'exprimer ; la passion quitte alors la prose et se fait aria, musique. Ce duo est une petite merveille ; il faut en suivre la ligne mélodique, avec la mobilité des sentiments : désespoir de Cléante-Tircis à qui on risque d'interdire celle qu'il aime ; jubilation de l'aveu répété d'Angélique-Philis, décidée à ne pas se soumettre à l'ordre paternel. Belle manière de déclarer son amour que de le chanter !

Reste le couronnement de la partie musicale du *Malade imaginaire*, constitué par le troisième et dernier intermède, qui fait évidemment pendant à la cérémonie du Mamamouchi du *Bourgeois gentilhomme*, Charpentier rivalisant ici avec Lully. C'est une autre « cérémonie burlesque » qui, à la faveur du carnaval, transforme en rire la solennité d'une intronisation de médecin (Molière s'est inspiré de la réalité), qui non seulement tourne en dérision la réception du nouveau docteur, mais aussi tout le savoir médical, et souligne les vices profonds des médecins, chirurgiens, apothicaires et autres porteurs de seringues.

L'air allègre, mais agrémenté de ruptures dans le flux rythmique, pour les tapissiers qui décorent la salle et disposent les bancs, la marche carrée, solennelle, en fa majeur, qui accompagne l'entrée de la Faculté invitent déjà à envisager d'un regard goguenard tout ce qui va suivre. On a tout dit de l'extraordinaire dialogue parlé en latin macaronique, si drôle par sa fantaisie de langue et si acerbe par ce qu'il révèle de la médecine. Mais on ne remarque pas assez les interventions de la musique. Chaque strophe parlé du *Praeses* est ponctuée d'une ritournelle instrumentale, de mélodie à peine variée : autant de commentaires légers, humoristiques, que les violons et les fûtes se permettent malicieusement après l'effroyable sérieux du président orateur. Quant au chœur syllabique « *Bene, bene, bene, bene respondere* », répété en version courte ou longue après chaque réponse du *Bachelierus*, il est enjoué, sautillant dans ses applaudissements, portant plaisamment aux nues les réponses stupides de l'impétrant Argan. Remise du bonnet de docteur, révérences du corps des docteurs assemblés au nouveau docteur : tout se fait en danse, dans la cadence fantaisiste de l'entrée de ballet. La joie est portée à son comble par le grand chœur

« *Vivat* », à cinq parties vocales, ponctué du son des mortiers d'apothicaire – instruments carnavalesques ! – joués comme de véritables instruments (deux portées leur sont d'ailleurs réservées sur la partition, comme pour des timbales ou des cloches). Le do majeur éclatant n'empêche pas les finesses et les malices de l'écriture (sautillement des applaudissements ; ruades de l'orchestre avec les coups de mortier ; doublement de la durée de certaines syllabes ; plaisant contrepoint des voix groupées par deux ou trois).

Bref, pendant plus de vingt minutes, l'écrivain, le musicien et le chorégraphe donnent ainsi un pur plaisir euphorique.

UNITÉ ET SIGNIFICATION DES ORNEMENTS

Cette présentation appelle deux questions, comme toujours avec les parties musicales et dansées.

Celle, d'abord, de l'unité d'ensemble des éléments disparates ; il faut dire que sur ce point, *Le Malade imaginaire* marque un certain recul par rapport au *Bourgeois gentilhomme*, et que le raccord n'est pas toujours heureux. On a beau nous dire à la fin du grand Prologue que les faunes, bergers et bergères sont censés sortir pour se préparer à jouer eux-mêmes la comédie du *Malade imaginaire* dans une chambre de malade du XVIIᵉ siècle, la rupture est nette. Quant au premier intermède, petit chef-d'œuvre de comique en soi, Molière le rattache à la comédie avec quelque désinvolture : Toinette signale à sa maîtresse Angélique, comme messager possible à envoyer à Cléante, « le vieux usurier Polichinelle », son amant, qu'elle va faire quérir, dit-elle, le lendemain ; sur quoi se déroule l'intermède, comme une parenthèse dans l'action. La vraisemblance du lien entre la comédie et l'intermède reste bien douteuse.

En revanche, l'acte II réalise mieux l'unité toujours recherchée par Molière : le petit opéra impromptu est dans la comédie et fait partie de la scène 5 de cet acte. À la fin de l'acte, à la scène 9, Béralde propose à son frère le malade imaginaire un traitement de danses mêlées de chansons qui dissipera son chagrin et apaisera son âme – ce sont les vertus constantes de la musique. Et les deux frères s'installent pour ce spectacle bien cousu à la comédie.

Le dernier intermède constitue en ce sens un aboutissement génial : la rupture est effacée par la métamorphose de la chambre d'Argan en salle de Faculté et par la métamorphose conjointe des acteurs de la comédie en acteurs de l'intermède. Sous nos yeux, les tapissiers disposent la salle. Les acteurs essentiels de l'intermède sont des comédiens retenus par Béralde, qui vont parodier la réception d'un médecin. Mais, dans ce jeu de carnaval, Argan, en « habit décent », tiendra le rôle principal du *Bachelierus* – « je veux que mon frère y fasse le premier personnage », dit Béralde, qui ajoute de surcroît : « nous y pourrons aussi prendre chacun un personnage, et nous donner ainsi la comédie les uns aux autres » (III, 14). Dès lors, les personnages de la comédie du *Malade imaginaire* ne sont plus guère les spectateurs de l'intermède ; ils entrent dans la fiction et dans l'espace fictif de l'intermède, – dans le jeu de la folie d'Argan. C'est du coup l'espace de la comédie bourgeoise qui se trouve envahi, aboli par celui de l'intermède.

La deuxième question reste la plus essentielle : en quoi ces intermèdes transforment le sens même du spectacle ? Car les contrastes sont importants entre les différents Prologue et intermèdes, entre eux et entre eux et la comédie ; ils restent pourtant essentiels à l'équilibre du sens final.

Voyez le Prologue. Il infuse sa lumière dans toute la comédie bourgeoise à venir. Louis est de retour et « ramène en ces lieux les plaisirs de l'amour » ; déjà à l'étage de la féerie, comme dit Marc Fumaroli, la joie se diffuse immédiatement, abolissant la souffrance – ainsi des bergers. Mais de même que le roi résolvait l'angoisse de Molière et de ses camarades dans *L'Impromptu de Versailles*, de même que son intervention miraculeuse sauvait la famille d'Orgon des griffes de Tartuffe, de même, le roi revenu étant le garant de la victoire de l'amour et des plaisirs, il faudra que dans la famille bourgeoise aussi, dans cette chambre où le malade est confiné, triomphent l'amour et ses plaisirs malgré les oppositions suscitées par les angoisses morbides du père. De toutes les manières, les ornements font triompher l'amour.

Ils allègent aussi le monde et installent définitivement la joie. Molière s'acharne une dernière fois contre la médecine, nous allons le voir, en nous en montrant la menace et les dangers ; mais la menace est conjurée. D'abord, les médecins et les apothicaires de la comédie sont transformés en marionnettes mécaniques. La palme de la raideur revient aux deux Diafoirus, de la confusion des civilités d'entrée à la consultation qui clôt l'entretien ; et que dire du grand benêt Thomas Diafoirus, aussi indélicat que stupide ! C'est d'ailleurs un des rôles de Toinette la servante d'assurer la raillerie et la dérision, et de transformer les médecins en spectacle comique ; il faut la voir multiplier ses réflexions piquantes et se moquer de la colère de Purgon en III, 5. Avant qu'elle ne se déguise et compose un personnage grotesque de vieux médecin : parodie d'une consultation qui ôte sa substance au danger de la médecine tournée en jeu de théâtre, en déguisement de comédie. Intervient enfin la cérémonie finale, ornement de la comédie-ballet par lequel la menace est métamorphosée en mascarade de carnaval – *Le*

Malade fut créé en période de carnaval –; et le dénouement, bousculant l'autorité médicale comme l'autorité paternelle, est en lui-même carnavalesque. La solennité grotesque des poses, le merveilleux latin macaronique, la danse de tous ces noirs personnages – les marionnettes de la comédie deviennent des danseurs de carnaval! –, l'allégresse des chœurs exorcisent l'angoisse et font accéder à la fantaisie apaisante.

Grâce à cette cérémonie finale, l'opposition paternelle au bonheur amoureux des jeunes gens est levée – selon l'influence royale affirmée au Prologue –, et le spectacle se termine dans la joie. Joie complète? C'est à voir, car si Argan est bien guéri de sa maladie de la médecine, c'est au prix d'un basculement dans la folie de se croire médecin…

UNE DERNIÈRE COMÉDIE MÉDICALE

Du *Médecin volant* au *Malade imaginaire*, en passant par *L'Amour médecin*, *Le Médecin malgré lui* et *Monsieur de Pourceaugnac*, Molière s'est acharné contre les médecins et la médecine; la satire antimédicale est particulièrement féroce dans notre dernière comédie-ballet, où la présentation d'une médecine inquiétante s'épanouit. Le thème médical trouve là une magnifique illustration dramatique : de la première scène au divertissement final, il est question d'un malade, de ses médecins et de la médecine.

EN ACTION

Le génial dramaturge se sert d'abord de la matière même de la pièce – personnages et action – pour favoriser la dénonciation.

À commencer par le malade lui-même. Dès l'ouverture, on mesure la dépendance, l'esclavage d'Argan vis-à-vis de la médecine, qui l'a réduit à un état infantile, centré qu'il est devenu sur ses entrailles, sur son corps, sur lui-même ; les médecins et les apothicaires leurs auxiliaires règlent sa vie, chaque geste de sa vie par leurs ordonnances. Argan est à la merci du pouvoir médical, dont sa survie dépend. On a l'aspect ridicule : douze allées et douze venues pour la promenade du matin (II, 2), le nombre de grains de sel à mettre dans un œuf (II, 6) ou l'enfant que le médecin Purgon avait promis à Argan de faire faire à Béline (I, 7) ; mais aussi l'aspect inquiétant : quand Purgon, dont on a renvoyé le clystère, veut rompre avec Argan et finit par le menacer de « la privation de la vie », Argan, qui a si peur de la mort, souffle : « Ah ! mon Dieu ! je suis mort » (III, 6). Comme si Purgon était un magicien doté d'un pouvoir de vie et de mort sur son malade. Au sens propre Purgon *gouverne* bien Argan, comme ce dernier l'avoue en III, 6.

De fait, la grande scène de la colère de Purgon (III 5), ce splendide imbécile convaincu de la réalité de son art, comme dit joliment Louis Jouvet[8], donne toute son ampleur à la dénonciation du pouvoir médical, de la tyrannie médicale. Furieux qu'on ait refusé le remède prescrit – déjà l'apothicaire Fleurant s'était insurgé contre ce refus –, que le malade se soit « soustrait de l'obéissance que l'on doit à son médecin », Purgon ne pense qu'à se venger en souhaitant à son malade les pires maladies, et finalement

---

8   *Molière et la comédie classique*, 1965, p. 208.

la mort. Le médecin donne donc la mort : on ne pouvait aller plus loin dans la satire. Le dernier intermède apportera la touche de fantaisie à cette satire des donneurs de mort. Que vive le nouveau docteur, chante le chœur, qui achève ainsi son couplet :

> *Mille, mille annis et manget et bibat,*
> *Et seignet et tuat !*

Le dernier mot de toute l'œuvre de Molière, grand dénonciateur des dangers de la médecine, est le souhait impératif *tuat...*

Les Diafoirus[9] proposent des caricatures un peu moins inquiétantes, en un couple de plaisantes marionnettes. Le médecin Diafoirus est un père fort sot, qui pense faire l'éloge de son fils en soulignant sa lenteur d'esprit, l'éveil tardif et fragile de son intelligence,... mais en assurant qu'il est bien pourvu de la « vertu prolifique » qui lui permettra d'engendrer des enfants bien conditionnés ! Son fils est surtout digne de son père, qui réduira la médecine à des recettes sommaires imitées des Anciens, aux préceptes desquels il s'attachera aveuglément, en refusant l'usage de la raison et la considération des découvertes récentes, comme celle de la circulation du sang. La médecine n'est donc pas une science et se limite à un formalisme, voire à un verbalisme assaisonné de jargon latin ; la santé des malades est bien le dernier souci des médecins. Insensible à la raillerie de Toinette qui dénonce en la médecine une pratique lucrative peu soucieuse de guérir, Diafoirus le père répond bonnement : « Cela est vrai. On n'est obligé qu'à traiter les gens dans les formes » (II, 5).

---

9   Voir Charles Mazouer, *Le Personnage du naïf...*, 1979, p. 169-171.

Diafoirus le fils, Thomas Diafoirus, est parfaitement dépeint par la didascalie : « [...] *un grand benêt, nouvellement sorti des écoles, qui fait toutes choses de mauvaise grâce et à contretemps* ». C'est le badin médiéval, un jeune imbécile qui montre d'emblée sa maladresse, son inadaptation à la vie. Prétendant en visite officielle chez sa future, il joue mécaniquement, et sottement, un rôle appris par cœur ; enfermé dans sa creuse rhétorique, il est parfaitement inattentif à ceux à qui il s'adresse : il débite à Angélique le compliment destiné à Béline, et devant cette dernière, le moment venu, il sera vite désarçonné. Et quelle galanterie à l'égard de la fiancée ! Le jeune pédant, cet âne infatué, ignore tout de la délicatesse, de l'art de plaire : la jeune fille se voit invitée à la dissection d'une femme, puis, quand elle dit sa réticence devant le mariage, soumise à une contestation dialectique forcenée. C'est l'individu Thomas qui est décrit alors et non le jeune futur médecin, déjà évoqué à l'avance par son père ; mais c'est bien cette fois le médecin qui est mis en cause dans l'ultime consultation pratiquée par le père et le fils, où diagnostic et régimes, contradictoires avec ceux de Purgon, dénoncent leur vanité.

Dans cette satire en action, il ne faudrait pas négliger le déguisement de Toinette en vieux médecin grotesque, qui parodie la médecine, mettant le comble à la fantaisie du diagnostic (le fameux *poumon* répété), du régime et de la prescription chirurgicale.

« RAISONNONS UN PEU, MON FRÈRE »

Avec une portée sans doute plus grave, car la satire se fait sous la forme d'une discussion menée un peu en marge de l'action et (relativement) calmement, le dialogue entre Argan et Béralde (III, 3) reste de grand sens et du plus haut intérêt. Devant un Argan embéguiné de la médecine et des médecins, Béralde développe tranquillement son scepticisme à l'égard des médecins d'Argan (qui gâtent sa bonne constitution et finiront par le faire crever) et de la médecine en général. Il ne croit pas à la médecine, qui n'est pas un art véritable ni une science, mais un « roman » ; les médecins ne savent rien sur cette mystérieuse machine qu'est notre corps, mais ils savent leurs humanités et savent parler (sans savoir rien faire d'effectif pour guérir), assez pour tromper et s'enrichir en profitant de la crédulité et de la faiblesse des hommes qui sont enfermés dans l'illusion que les médecins peuvent aider la nature, alors que c'est folie de croire pouvoir guérir. Les médecins, quand ils ne sont pas des imbéciles convaincus, comme ce Purgon « tout médecin depuis la tête jusqu'aux pieds », dont l'ignorance expédie les malades selon les formes, sont des trompeurs. Mais que faire quand on est malade, demande l'angoissé Argan, si la médecine n'est pas un art qui puisse secourir ? Rester en repos et laisser faire la nature, apte à réparer seule le désordre de la maladie, lui est-il répondu. Bref, Béralde est un impie en médecine et – si l'on doit faire une lecture allégorique en superposant la religion à la médecine[10] – il

---

10   Béralde y convie par cette réflexion sur la médecine : « [...] je ne vois pas que, pour son salut, il soit nécessaire d'y croire ». Sur cette question, voir Laurent Thirouin, « L'impiété dans *Le Malade imaginaire* », [in] *Libertinage et philosophie au XVIIᵉ siècle, 4 : "Gassendi et les Gassendistes" et "Les passions libertines"*, 2000, p. 121-143. Signalons au passage que la Bible juive et l'Ancien Testament des chrétiens comportent, au livre du Siracide, jadis appelé Ecclésiastique, un éloge des médecins et de la médecine, avec une précision capitale de Ben Sira (Si, 38, 1-2) : « Honore le médecin pour ses services, / Car lui aussi le Seigneur l'a créé. / C'est du Très-Haut en effet que vient la guérison... » Luther rappelle ce texte pour louer la profession de médecin (« Une prédication sur le devoir d'envoyer les enfants à l'école », éd. des *Œuvres* dirigée par Marc Lienhard et Matthieu Arnold, t. II, Paris, Gallimard, Pléiade, p. 430).

prêcherait à mi-mot des idées libertines en matière religieuse et pas seulement médicale.

Les idées formulées par Béralde viennent de plus loin, d'une tradition antimédicale plus ancienne[11]. Montaigne en est chez nous un des premiers représentants, qui pense que la médecine est à compter parmi les arts « fantastiques » – c'est-à-dire fantaisistes, sans réalité (*Essais*, II, 37, « De la ressemblance des enfants aux pères ») –, et qui, se défiant d'un art trop fragile, quand il est malade, « laisse faire nature » (I, 24, « Divers événements de même conseil »). Mais le chrétien Pascal voit lui aussi en la médecine une science vide, vaine. Et tout le courant libertin tient la méde-cine pour un faux art, pour un art imaginaire – Bernier et Gassendi, La Mothe Le Vayer.

Molière s'inscrit dans cette tradition ; mais il faut remar-quer, au fil des comédies antimédicales, que sa connaissance de la médecine est précise et grande sa culture médicale. Fruit de son expérience de la maladie et des rapports avec de grands médecins, sans doute. Faut-il expliquer l'acharnement des comédies par une hargne toute personnelle envers les médecins ? C'est assez douteux. Ce qui est sûr c'est que Molière a dénoncé les secteurs rétrogrades de la médecine de son temps – laquelle ne se résumait pas aux anticircula-tionistes, et Molière le savait ! –, au nom d'une conception plus rationnelle en médecine[12], qui examine, expérimente, raisonne et s'ouvre aux innovations. Sa position personnelle serait moins sceptique, comparable à celle de Boileau dans le fameux *Arrêt burlesque* de 1671, qui continue d'attaquer le formalisme et la paresse intellectuelle des médecins

---

11 Voir Robert McBride, « The Sceptical view of medecine and the comic vision in Molière », *Studi francesi*, n° 67, gennaio-aprile 1979, p. 27-42.

12 Voir Suzanne Rossat-Mignod, « La pensée rationnelle de Molière en médecine », *Les Cahiers rationalistes*, 1973, p. 407-418.

routiniers attachés aux Anciens, mais propose l'exercice de la raison et accueille les découvertes des expériences.

ARGAN ET LES SIENS

La comédie est entièrement organisée autour du personnage d'Argan, de la maladie d'Argan, du corps d'Argan – du début à la fin, de l'effroi de l'abandon de la scène initiale à l'épanouissement heureux du nouveau médecin dans la folie finale. En même temps qu'une féroce comédie satirique, *Le Malade imaginaire* est une très profonde comédie de caractère.

LA MALADIE D'ARGAN

Au fait, de quelle maladie est atteint Argan ? D'une maladie de l'imaginaire ? Est-il seulement malade ou n'a-t-il que l'imagination de la maladie – n'est-il qu'un malade imaginaire, comme le pense son entourage ?

Comme l'a fait remarquablement Patrick Dandrey[13], on peut se tourner vers la médecine du temps de Molière et voir comment elle pouvait appréhender « le cas Argan ». On pourrait y voir la pathologie imposée à tort à Monsieur de Pourceaugnac, celle de l'hypocondrie, du délire mélancolique ; mais comme Argan n'est pas vraiment malade, il faut chercher du côté des maladies de l'âme, connues dès l'Antiquité, avec l'interférence du corps et de l'esprit – encore le refus du dualisme cartésien. En fait, Molière aurait transformé et articulé ces deux modèles d'interprétation

---

13 *Le « cas Argan ». Molière et la maladie imaginaire*, 1993.

pour pressentir ce que les modernes appellent une autosuggestion morbide ou névrose hypocondriaque. Selon l'érudit, la maladie imaginaire d'Argan est la projection sur le corps d'une affection de l'âme. Nous parlons couramment d'une maladie psychosomatique. Argan est bien malade au sens où il est atteint d'une obsession morbide, qu'il ne parvient pas à surmonter. Et ses médecins se trompent, qui ne voient pas la perturbation mentale et s'attaquent à une perturbation humorale qu'ils détectent seulement.

Quoi qu'il en soit, Molière analyse théâtralement son personnage, de manière particulière et quelque peu différente, en termes d'illusion sur soi. Revenons au texte et à la première scène de la comédie. Quand les derniers mots du Prologue ont retenti, le spectateur découvre, en une saisissante opposition, la chambre du malade : Argan, le chef de famille, y est confiné, seul, en train de vérifier les comptes de son apothicaire (avec beaucoup de lucidité !). À cette calme opération succède chez Argan une lame d'angoisse impressionnante, qui le submerge : on le laisse seul, on laisse seul « un pauvre malade » ; et de hurler, et d'agiter désespérément sa sonnette : « drelin, drelin, drelin : ah, mon Dieu ! ils me laisseront ici mourir. Drelin, drelin, drelin ».

Cette ouverture géniale dit tout l'essentiel du personnage : l'angoisse d'abandon, la peur de mourir qui l'envahissent tout entier. Pour conjurer cette angoisse, il s'imagine malade, afin que la médecine assure son salut. En dépit de sa nature (ses continuelles colères montrent une belle vitalité) ; en dépit d'un indéniable fond de santé que les personnages sensés se font une malice de signaler, et que la multiplication des médicaments et lavements à lui administrés n'ont pas encore altéré, Argan se veut malade, s'est installé dans son nouvel état de malade. À la fin du second acte, n'a-t-il pas ce mot hautement significatif : « Ah ! que d'affaires ! je n'ai pas seulement le loisir de songer à ma maladie[14] » – preuve encore que la maladie est dans l'esprit et contredit la nature. L'analyse morale peut se fondre à l'analyse médicale : il y a chez Argan un véritable refus de soi, une illusion sur soi qui peut en effet être diagnostiquée comme une maladie de l'imagination. Comme d'autres grands héros moliéresques, Argan trouve en lui une raison profonde de se refuser, de se dénier et de s'enfermer dans l'illusion. L'imagination a ses sains et ses malades, disait déjà Pascal…

On imagine que le cas Argan a intéressé la psychanalyse freudienne, pour qui la peur de la mort a provoqué chez Argan une véritable régression. Comme un petit enfant, il a besoin d'être soigné, dorloté ; chez ses médecins et chez Béline il trouve une mère et un père de substitution : Béline le caresse de mille « petit fils » et l'autorité des médecins vaut autorité et affection paternelles. L'une et les autres infantilisent Argan, l'aliènent, en font un « vieux nourrisson en détresse », comme dit joliment une critique[15]. Comme les enfants, il a peur de mourir et n'a pas admis qu'il était mortel. Et encore comme un enfant, Argan a aussi peur de vivre, de se risquer à vivre en acceptant sa condition mortelle.

D'où d'ailleurs l'extraordinaire présence du thème de la mort dans cette comédie, bien au-delà de la scène initiale qui fait exploser l'angoisse de mourir. Comme s'il s'agissait de faire apprivoiser la mort par Argan, certaines scènes forcent le malade imaginaire à jouer avec la mort, à la mettre à distance. En II, 8, pour éviter d'être fouettée,

---

14   II, 8.
15   Anne-Marie Desfougères, « Le jeu d'Argan », [in] *Thèmes et genres littéraires [...] Mélanges en l'honneur de Jacques Truchet*, 1992, p. 349-355.

la petite Louison contrefait la morte ; et Argan rentre dans
le jeu, feignant la douleur. – « Là, là, mon papa, ne pleurez
point tant, je ne suis pas morte tout à fait » : oui, la mort
et la douleur de la mort n'étaient qu'un jeu d'enfant – et
non pas une réalité angoissante. Mieux encore en III, 11
et 12, où c'est Argan lui-même qui va faire le mort pour
découvrir la vérité – non sans une certaine appréhension :
« N'y a-t-il pas quelque danger à contrefaire le mort ? »
Justement pas : le jeu est sans danger, et sans s'en rendre
compte, Argan peut ressusciter, s'habituer à l'idée de sa
propre mort, à l'admettre. Enfin, devenu médecin, il n'y
pensera plus, sa folie domptant la mort, en l'escamotant,
alors même que les médecins et que Béline, qui l'en pro-
tégeaient, l'ont abandonné.

LE CORPS D'ARGAN

Si la civilisation du XVIIe siècle repoussait le corps,
n'admettant dans la vie sociale qu'un corps codifié, si le
théâtre classique, à la différence du théâtre baroque, le
tenait également à distance pour des raisons de bienséance,
le corps et son bas corporel, qui avaient toujours nourri la
farce, font un retour éclatant dans la dernière comédie-ballet
de Molière ; dans cette farce sur la mort, le corps est véritablement exhibé. Il est déjà glorifié dans le jeu des acteurs
(et des danseurs), qui non seulement jouent sentiments et
actions mais se déguisent et jouent dans le jeu, au second
degré, Argan après Toinette (III, 12-14 après III, 7-11). Et
les corps montrés sont souvent des corps laids, grotesques et
comiques ; qu'on pense à la raideur mécanique des Diafoirus,
de Thomas en particulier.

Mais celui qu'on trouve au centre de l'espace scénique,
presque toujours sur la scène, c'est le corps d'Argan ; Argan

est au centre du *Malade imaginaire* avec son corps, sur lequel il est lui-même centré, comme l'homme infantile qu'il est. Dès la première scène, on le voit préoccupé de ses entrailles – de ses entrailles surtout –, de son sommeil ; mais tout au long de la pièce, il cherchera le calme, le confort, voudra éviter qu'on le bouscule, qu'on ébranle son cerveau, cherchera à s'épargner telle ou telle fatigue. Le corps d'Argan doit être calé dans ses oreillers !

Contrairement aux bienséances, c'est un corps détraqué que Molière prend plaisir à dévoiler, un corps livré à la médecine traditionnelle qui ne voit dans la mélancolie d'Argan qu'un déséquilibre de la rate et des humeurs. À cette physiologie des humeurs correspondait une thérapeutique des liquides : suppuration, sudation, diurèse, saignée, purges et lavements (« *Clysterium donare,* / *Postea seignare / Ensuita purgare* » !), et une pharmacopée qui privilégiait l'élément liquide et onctueux – tous éléments qui s'arrêtaient au physique, à la matérialité. Au demeurant, pour les médecins, le corps d'Argan n'est qu'une sorte de sac rempli d'humeurs, un objet, comme le malade n'est plus qu'un objet à traiter – avec obstination, bêtise et mépris. « Et je ne voulais plus qu'une douzaine de médecines, pour vuider le fond du sac », dit clairement Purgon (III, 5). Les médecins dominateurs *s'égayent* bien sur le corps d'Argan, comme le souligne Toinette (I, 2).

Ce corps malmené, ce corps traité et maltraité par les médecins est aussi un corps comique. À deux égards. Il va de soi que cette médecine corporelle ne nous épargne rien du bas scatologique. Le flux de ventre, le bas-ventre et ses déjections, objets d'une analyse soigneuse, les vents qu'il faut chasser : rien ne nous est évité de ce bas corporel et de la scatologie médicale comique. Par deux fois (I, 3 et III, 1) Argan est obligé d'interrompre un entretien important,

travaillé qu'il est par son flux de ventre. Plus psychologi-
quement, le corps d'Argan est un corps comique, car il est
le siège manifeste d'une contradiction essentielle. S'il se
veut malade pour éviter la pensée angoissante de la mort
et si donc son corps doit être traité (Argan ne se rend pas
compte à quel point son corps est martyrisé par les médecins!), s'il veut être entouré, préservé, ménagé, sa nature et
son fond de santé viennent à l'encontre et sa colère donne
une vitalité étrange à ce corps de malade. Alors qu'on le
croyait calé dans son fauteuil, il bondit, s'emporte, court
après Toinette (I, 5).

Argan fait donc une dépense de son corps, qui dut
épuiser l'acteur Molière.

L'ENTOURAGE

L'entourage qui gravite autour du malade et de sa chaise
se répartit nettement en deux camps : ceux qui confirment
Argan dans sa maladie imaginaire et dans ses illusions,
ceux qui s'efforcent de l'en tirer.

Comme toujours chez Molière, ceux qui approuvent
Argan sont les trompeurs qui le dupent. Les médecins, au
premier chef, qui font de lui (c'est toujours Toinette qui a
l'expression juste et imagée) une bonne vache à lait; apothicaire et médecins s'engraissent sur le malade aliéné et
dominé, comme Tartuffe prospérait chez Orgon embéguiné.
Si le mal dû à son angoisse est un fruit de son imagination, Argan est conjointement atteint de la maladie de la
médecine. À la fin de la pièce, ses médecins ont eu beau
l'abandonner, il a beau avoir refusé le médecin extravagant
joué par Toinette, il veut toujours un gendre médecin :
il reste entiché des médecins et de la médecine. Comme
il reste persuadé d'être malade. Au fond, la cérémonie

carnavalesque finale, si elle dénoue heureusement l'intrigue amoureuse bloquée par la faute du père jusqu'alors, confirme de manière superlative les illusions d'Argan. Désabusé sur Béline, il demeure plus que jamais dans son aveuglement médical, se croyant bien à la fois malade et médecin, guérissable par lui-même.

La trompeuse la plus cynique reste sans doute Béline, qui compte profiter de son jeu hypocrite de garde-malade attentive, comblant les attentes du malade, par elle infantilisé à souhait. En Béline, sa seconde femme, Argan n'assouvit pas une passion, mais cherche une confirmation de son illusion. L'imposture de Béline consiste à entrer dans le jeu d'Argan, à approuver ses illusions. Elle supporte, materne et feint d'aimer un homme « malpropre, dégoûtant, sans cesse un lavement ou une médecine dans le ventre, mouchant, toussant, crachant toujours[16] », ennuyeux, fatigant, grondant sans arrêt, de mauvaise humeur – tout cela dans l'espoir d'une captation d'héritage arrangée avec la complicité d'un notaire douteux. Il faut le jeu du mort pour désabuser Argan de cette coureuse de douaires qu'est en réalité sa seconde épouse.

De l'autre côté, Toinette la servante est associée avec Béralde pour tâcher de détromper Argan sur sa maladie, sur les médecins et sur Béline, et de contrarier les desseins du père narcissique et d'un égoïsme forcené, qui affirme tranquillement, avec une monstrueuse inconscience, qu'il a choisi un gendre non pour sa fille, mais pour lui : « C'est pour moi que je lui donne un médecin[17] ». Chacun des deux auxiliaires des amours d'Angélique mène son action à sa manière. À Béralde la calme et froide raison, et des tentatives plus ou moins réussies : un divertissement, une

---

16   III, 12.
17   I, 5.

longue discussion qui se voulait paisible, et l'invention finale
qui arrange tout sans tout résoudre. À la rieuse Toinette
la moquerie, les piques et les saillies, l'affirmation répétée,
obstinée et insolente, ironique parfois, à Argan qu'il n'est
pas malade et cet extraordinaire jeu de déguisement – une
imagination d'ailleurs complètement dépourvue d'efficacité
(cela ne guérit pas Argan, ni de Purgon, ni des médecins) –,
renouvelé du *Médecin volant*, qui met le comble à la vitalité
physique de Toinette, toujours en mouvement, toujours à le
fois prête à contester et à contredire son maître en paroles
et à le malmener en gestes. Argan veut être malade, mais,
obstinément, Toinette refuse, elle surtout, de lui renvoyer
l'image qu'il veut donner de lui-même.

Où placer Angélique, peut-être la plus belle et la plus
touchante des jeunes filles de Molière, qui ne cherche ni
à tromper, ni à détromper son père[18] ? Le narcissisme et
l'obsession de son père, qui ne l'empêchent pas, tout en se
voulant malade, d'agir en tyran domestique, mettent en
péril son amour et son bonheur. Son roman d'amour, avec
le coup de foudre, la confidence adorable à Toinette maternelle (Angélique est orpheline de sa mère), l'aveu enveloppé
dans le climat de la pastorale, se heurte à l'autorité toute
prosaïque du père ; Angélique se défend, remet Thomas
Diafoirus à sa place de pédant qu'elle ne peut aimer, supplie
son père de ne pas lui imposer ce mariage. Mais que peut-
elle faire ? Soumise à son père et affectueuse, elle porte la
soumission jusqu'à renoncer à Cléante et au mariage quand
elle croit Argan mort. Et dans l'invention finale de Béralde,
elle demande si l'on ne va pas un peu trop loin – elle est la
seule à formuler ce scrupule. À cette tromperie douteuse,
elle gagnera néanmoins le bonheur.

---

18   Voir Charles Mazouer, *Le Personnage du naïf, op. cit.*, p. 173-174.

DRAMATURGIE ET COMIQUE

À la variété des formes – les différents climats créés par la musique et la danse ; les procédés d'analyse humaine de la grande comédie ; les ressources de la farce –, s'ajoute, dans cette comédie dont Molière ne savait pas qu'elle serait la dernière, une belle virtuosité technique dans leur utilisation, comme si Molière récapitulait ici maints aspects de sa manière et de son génie.

LA MISE EN INTRIGUE

Le projet dramatique de la comédie consiste donc à mener conjointement une entreprise de désabusement d'Argan et de résistance au mariage qu'il projette pour Angélique.

Quant à l'intrigue, Molière est fidèle à ses procédés les plus constants : non mettre au point un mécanisme d'horlogerie, mais proposer, en s'accordant au fil des amours contrariées, une variété de situations et de scènes qui rendent sensibles l'aveuglement d'Argan et les tentatives de désabusement faites sur ce dernier héros comique de Molière. On remarque même ici une sorte d'exubérance, Molière se laissant aller et quelque peu déborder par des scènes nécessaires au sens mais qui distendent le cadre de l'acte (III, 3, la grande scène avec Béralde sur la médecine), ou par des scènes dont l'utilité n'est pas évidente pour l'intrigue, mais où Molière s'adonne au plaisir du jeu (la séquence III, 7 à 11, du déguisement de Toinette). On remarquera que ces scènes appartiennent à l'acte III, particulièrement déséquilibré par rapport aux deux premiers actes, qui ne comportent que 8 et 9 scènes, contre les 14 du dernier.

D'ailleurs, ces actes sont bien liés entre eux de même que, selon la dramaturgie classique, la liaison des scènes est parfaitement réalisée, chaque acte pouvant grouper des ensembles en séquences de scènes et ménageant un ou plusieurs sommets.

L'acte d'exposition présente évidemment le héros et sa maladie, son angoisse obsessionnelle de la mort (il veut écrire un testament) et leurs conséquences pour le mariage de sa fille. Cet acte propose différentes confrontations des forces représentées par les personnages : la soumission (Angélique ; le notaire), l'alliance (vraie entre la servante et l'amoureuse Angélique ; feinte entre l'hypocrite Béline et son mari ; feinte aussi entre Béline et Toinette, qui se montre son alliée) et l'opposition (insolence et renversement de l'ordre de la part de Toinette). L'acte second est celui des médecins, critiqués et ridiculisés, et de l'amour en danger – le bonheur de l'aveu étant accompagné de l'échec à résister au père. L'acte dernier doit traiter de manière urgente les deux enjeux du drame comique : comment tirer Argan de sa maladie imaginaire et comment le faire renoncer à ce projet de mariage d'Angélique avec un médecin, étroitement lié à la satisfaction de sa lubie. Rien n'y fait, ni le long débat avec Béralde, ni l'invention burlesque de Toinette. La feinte mort d'Argan a cependant pour effet de lui faire voir et admettre ce qu'il en est des sentiments de sa femme et, au contraire, de sa fille. La dernière scène montre un Argan toujours malade dans son imagination, toujours désireux d'avoir un gendre médecin ; seule concession arrachée, d'autant que la rupture avec Purgon a brisé le projet de mariage avec Thomas Diafoirus : il veut bien de Cléante (qui a au moins la noblesse de cœur et fait un beau contraste avec le pédant grossier Thomas Diafoirus), s'il se fait médecin. C'est alors qu'intervient la proposition de Béralde, d'une parfaite invraisemblance : on va faire Argan lui-même médecin, au cours d'une cérémonie burlesque d'intronisation. Acceptant cette proposition, Argan oublie son opposition au mariage, qui est escamotée plutôt que résolue et finalement levée.

Le dénouement fantaisiste n'en est pas tout à fait un : Argan n'est pas guéri de son mal profond, la cérémonie finale comblant au contraire son vœu le plus profond, qui est de rester malade et soigné par la médecine. Son entêtement pour la médecine et sa maladie en imagination semblent incurables. S'il demeure aveugle à la réalité en ces domaines, il reste, pour le rendre inoffensif, à s'accommoder à ses fantaisies, à donner corps à ses fantasmes. Acteur principal et victime de l'intronisation parodique, alors que les autres (les comédiens retenus par Béralde, et les propres person-nages du *Malade imaginaire*) donnent une comédie, jouent une mascarade, Argan reste persuadé de vraiment changer d'être, d'avoir été fait médecin ; il en remercie la Faculté dans son latin plaisant. C'est au milieu de l'euphorie de la mascarade qu'Argan bascule dans la folie. Victoire de la joie : Argan est aussi heureux qu'il est possible – comme Jourdain, en Mamamouchi –, et les jeunes gens pourront goûter le bonheur de l'amour. La paix règne en Argan et dans la famille que son imagination malade aurait menée à la destruction. La sagesse de Molière n'envisage pas d'autre issue pour cet autre prince de l'imaginaire : non le guérir, mais s'accommoder à ses fantaisies.

LES ÉCHANGES

On voudrait entrer dans le détail des dialogues pour en montrer la variété, l'enchaînement et le dynamisme, chaque scène ayant son *tempo*, son rythme, son ton propres – qui ont souvent fait penser à une chorégraphie. Il faut se contenter de quelques exemples pour mettre en valeur les vertus de l'écriture théâtrale moliéresque, une dernière fois à l'œuvre.

D'emblée, dès la première scène de la comédie – un assez long monologue, et ingrat puisqu'il s'agit de vérification des comptes –, Molière montre son art pour animer théâtralement le propos statique de ce malade enfoncé dans son siège. D'abord, le monologue se fait en réalité en dialogue (Argan « *fait, parlant à lui-même, les dialogues suivants* », indique la didascalie initiale), les extraits du mémoire de Fleurant fonctionnant comme des propos effectivement tenus *in praesentia*, à quoi Argan s'applique à répondre en contestant les tarifs de son apothicaire. Secondement, si Argan reste longtemps calme, que ses gens ne viennent pas à son appel le jette dans une colère impressionnante, qui dévoile immédiatement son angoisse de l'abandon face à la mort : il agite sa sonnette, insulte, crie. Toutes les scènes de l'acte premier mériteraient de retenir, dans leur variété (la confidence d'Angélique à Toinette, I, 4 ; l'hypocrisie de Béline et l'intervention cynique du notaire, I, 6 et 7). Mais je retiens les scènes où Toinette affronte son maître, en particulier I, 5 : Toinette fait irruption dans le dialogue entre père et fille, subvertissant l'ordre hiérarchique normal, puis prend carrément le commandement du dialogue, invitant Argan au calme, lui donnant des conseils, le contredisant, finissant par le faire sortir de ses gonds, et concluant ses interventions par la double affirmation qu'elle ne permettra pas le mariage d'Angélique avec Thomas Diafoirus : étrange renversement !

Dans un tout autre genre, la scène 6 de l'acte II, qui commence par le compliment vite enrayé de Thomas Diafoirus à Béline, se poursuit essentiellement avec la défense d'Angélique, qui supplie son père de ne pas brusquer ce mariage, et doit aussitôt s'affronter à un Thomas

Diafoirus rhétoricien et raisonneur acharné et implacable, autant qu'indomptable et indélicat ; mais Angélique sait répliquer à Thomas et bientôt, dans le même sens, à Béline, à qui elle lance des piques et des allusions assez claires.

Le dernier acte est particulièrement riche en situations de dialogue variées. Deux ou trois exemples opposés. Le grand débat sur la médecine fait un peu *excursus* dans le déroulement de l'intrigue, bien qu'il soit capital pour la pensée de Molière. Son *tempo* est lent et assez statique dans la mesure où Argan garde son calme dans le dialogue ; mais Molière a senti le danger et il faut bien que la bile d'Argan finisse par s'échauffer ! L'allusion de Béralde à Molière et à ses comédies lui en donne l'occasion ; et du coup le dialogue se tend, la scène devient plus vivante, qui risquait un certain ennui, malgré l'intérêt des propos. À l'inverse, les séquences III, 4-5 et III, 8-12 sont d'un bon dynamisme. Le renvoi de Fleurant et de son clystère provoquent l'irruption d'un Purgon, furieux. Position des personnages en III, 5 : au centre, Purgon fait exploser sa colère ; en face, Argan écrasé et terrorisé, qui tente de glisser quelque excuse ; spectateur parfaitement en retrait : Béralde ; spectatrice qui raille et pique le médecin de ses banderilles : Toinette. Mais, de fait, seul Purgon a la parole et on a remarqué que tout ce qu'il dit n'est en réalité qu'une seule réplique, mais que Molière fractionne par les interventions d'Argan et de Toinette – ce qui anime remarquablement la scène. On remarque aussi que les malédictions et menaces finales de Purgon finissent par se résoudre en une énumération de maladies aux noms assonants. Tout aussi animée, mais autrement, la séquence du déguisement de Toinette en médecin passager, qui fait se succéder des vantardises solennelles et un dialogue en répliques courtes sur le diagnostic (le fabuleux « poumon »), le régime et les propositions chirurgicales folles.

Laissons le lecteur goûter lui-même vingt autres illus-
trations du génie dramatique de Molière.

LE PLAISIR COMIQUE

Comme le montrent les exemples précédents, le dynamisme et le mouvement, qui sont une part du plaisir
comique, sont beaucoup sur la scène, dans le jeu théâtral.
En parlant des corps, nous avons évoqué cet aspect. Quel
personnage de la comédie n'est pas l'occasion d'une perfor-
mance d'acteur ? À commencer, nous l'avons vu, par Argan.
Mais on pourrait évoquer les manières mielleuses du notaire
Bonnefoy, l'hypocrisie (redoublement du jeu) de Béline, les
médecins transformés en marionnettes – Thomas au premier
rang, le grand benêt, le badin de la farce. Et Toinette, en
dehors même de son déguisement en médecin, infuse son
dynamisme à toute la comédie, se montrant tour à tour
maternelle et amusée avec Angélique, parfaitement hypocrite
avec Béline, et surtout énergique, insolente, provocatrice,
railleuse ou plus brutale avec son maître, – mais toujours
d'une énergie folle sur la scène. Comique de farce souvent,
dira-t-on. Pas seulement ; et toute écriture comique fait la
part belle à l'action scénique qui agrémente des subtilités
du jeu avec des effets farcesques plus faciles.

D'ailleurs, si la part des corps et du comique gestuel est
grande – coups de bâton, course-poursuite, oreillers jetés
à la tête d'Argan, départs précipités du malade imaginaire
pour aller vider ses entrailles, avec ce comique scatologique si présent dans la pièce médicale –, celle des mots
ne l'est pas moins, avec lesquels Molière joue beaucoup.
Voyez le nom des personnages (*Fleurant* l'apothicaire,
Purgon le médecin ; les médecins *Diafoirus*), les mots forgés
(avec Thomas, Argan sera bien *engendré* ; le Polichinelle

du premier intermède se plaint de sa *dragonne*), la répétition du *poumon*, les ballets de paroles (la dispute entre Toinette et son maître au premier acte). À côté de la fantaisie verbale, il faut faire sa place à la configuration plaisante des situations : malentendus et renversements ; affrontement perpétuel de Toinette avec l'autorité de son maître. Et surtout aux ridicules des personnages : raideur de tous les médecins (du mécanique plaqué sur du vivant, comme dit Bergson) ; illusions d'Argan sur Béline, sur les médecins, sur lui principalement qui situe de travers son mal profond.

Car le rire de la comédie porte grande signification. Il assure la fonction humaniste de la comédie qui traque ridicules, vices et toutes les déraisons et, par leur spectacle, voudrait corriger les hommes (*castigat ridendo mores*). Sceptique sur la possibilité de guérir certaines illusions, trop profondément ancrées dans l'homme, Molière se sert de la forme de la comédie-ballet pour s'accommoder à elles, les rendre au moins inoffensives pour autrui par un divertissement ; la cérémonie de l'intronisation bouffonne dissipe les inquiétudes, met à distance les peurs morbides d'Argan devenu médecin dans l'imaginaire, et fait triompher une sorte de joie. Tout doit culminer dans la gaieté. Le rire n'est-il pas le meilleur remède à la peur de la mort ? Et faire rire continument dans une pièce consacrée à la peur de mourir est un ultime coup de génie.

Chacun a en mémoire l'étonnant passage de la discussion entre Béralde et Argan, en III, 3, où le frère raisonnable propose à son frère aveuglé d'aller voir quelque comédie de Molière pour sortir de l'erreur où il est quant à la médecine. Argan prend alors la mouche contre ce Molière et prononce cette tirade furieuse et impressionnante :

> Par la mort non de diable ! si j'étais que des médecins, je me vengerais de son impertinence ; et quand il sera malade, je le laisserais mourir sans secours. Il aurait beau faire et beau dire, je ne lui ordonnerais pas la moindre petite saignée, le moindre petit lavement, et je lui dirais : « Crève, crève ! cela t'apprendra une autre fois à te jouer à la Faculté. »

S'il était de constitution solide et n'apparaît nullement comme un malade chronique de la poitrine[19], Molière avait connu de très sérieuses alertes et se savait faible des poumons et sujet à des fluxions sur la poitrine (*fluxion de poitrine* est un terme vulgaire qui peut désigner rhume, bronchite, pneumonie ou pleurésie), qu'il surmontait. Il devait se ménager, ce qu'il ne fit pas en entreprenant les représentations du *Malade imaginaire* – toujours le gagne-pain de sa troupe ! Il le paya de sa vie : incommodé par une fluxion, il voulut se dégager la poitrine en crachant, et provoqua une hémorragie qui l'emporta quand on l'eut transféré chez lui. Sa fluxion de poitrine n'est que la cause indirecte de sa mort.

Molière donc, affaibli, joue Argan et met dans la bouche de son personnage une terrible imprécation contre lui-même, bientôt suivi d'effet, puisqu'il obligé d'interrompre la quatrième représentation de son *Malade imaginaire* en prononçant le *juro* de la cérémonie burlesque finale. Étrange relation entre le vrai malade Molière, qui cherche peut-être à exorciser sa vraie maladie en créant et en interprétant un malade imaginaire, et sa créature fictive. Mystérieuse et fascinante confusion – et rendue terrible par le décès du 17 février 1673 – entre la fiction et la réalité, dont la réplique théâtrale citée avait comme la prémonition. Belle manière, en tout cas, d'unir dans la mort l'homme de théâtre et ses fictions !

---

19 Sur la santé de Molière, voir les indications de Roger Duchêne, dans son *Molière* de 1998, et, récemment, celles de Georges Forestier dans son *Molière* de 2018.

LE TEXTE DE LA COMÉDIE

Le décès de Molière lors des premières représentations avait évidemment interdit au dramaturge de s'occuper de la publication de son *Malade imaginaire*. Ses comédiens, qui furent bientôt réunis avec les comédiens du Marais pour constituer la troupe de l'Hôtel Guénégaud, reprirent les représentations du *Malade*, La Thorillière tenant le rôle d'Argan, à partir du 3 mars jusqu'au 21 mars, avec succès. Mais l'Hôtel Guénégaud voulut se préserver le monopole de la pièce, plusieurs troupes en province ayant voulu reprendre ce succès parisien à partir d'on ne sait quelle copie ; la troupe parisienne obtint du roi une lettre de cachet (7 janvier 1674) dont voici des extraits :

> Sa Majesté étant informée que quelques comédiens de campagne ont surpris, après le décès du sieur Molière, une copie de sa comédie du *Malade imaginaire*, qu'ils se préparent de donner au public [...], fait très expresses inhibitions et défenses à tous comédiens, autres que ceux de la troupe établie à Paris, rue Mazarin, au faubourg Saint-Germain de sa bonne ville de Paris [c'est l'Hôtel Guénégaud], de jouer et représenter ladite comédie du *Malade imaginaire* en quelque manière que ce soit, qu'après qu'elle aura été rendue publique par l'impression qui en sera faite [...][20].

La troupe reprendra les représentations du *Malade* en mai, juin et juillet, et jusqu'en novembre 1674, à la ville bien sûr, mais aussi par deux fois devant le roi à Versailles, en juillet et en août.

---

20   Texte dans Georges Mongrédien, *Recueil des textes et des documents du XVIIe siècle relatifs à Molière*, t. II, 1965, p. 490-491.

C'est aussi en 1674 que commencèrent à paraître des éditions. Passons très vite sur le texte paru à Amsterdam, chez Daniel Elzévir, à la date de 1674 ; ce piratage (texte composé d'après les souvenirs d'un spectateur ou pris à la volée) est une défiguration compète de la comédie.

La première édition sérieuse parut à la fin de 1674, à l'adresse de Jean Sambix, à Cologne – adresse fictive dissimulant l'imprimerie des frères Maurry, à Rouen. L'avis Au lecteur s'en prend aux comédiens de Molière qui s'opposent à l'impression du *Malade* et explique que le texte imprimé résulte de l'effort « de la mémoire d'une personne qui en a vu plusieurs représentations » ; il n'en est pas moins correct « et les scènes en ont été transcrites avec tant d'exactitude, et le jeu observé si régulièrement où il est nécessaire, que l'on ne trouvera pas un mot omis ni transposé[21] », ajoute ledit Avis. Outre cette sténographie avouée (et dans les mœurs du temps), Sambix a certainement eu en main une copie du texte original surpris après la mort de Molière, laquelle copie était en possession de comédiens de Rouen.

Peu après cette édition Sambix, Thierry et Barbin, qui avaient un privilège depuis 1671 pour l'édition collective des *Œuvres de M. de Molière*, achevèrent d'imprimer en 1674 un septième volume, avec *Le Malade imaginaire*, qu'ils datèrent au titre de 1675. Cette édition de 1675 se contentait de reprendre, en corrigeant des fautes typographiques, le texte de Sambix. Personne ne contestait alors cette édition quasi officielle de Thierry et Barbin.

Mais en 1682, quand La Grange et Vivot donnèrent le tome II des *Œuvres posthumes* de Molière (qui constitue le t. VIII de leur édition des *Œuvres* de M. de Molière), toujours chez les mêmes Thierry et Barbin, ils affirmèrent

---

21 *Ibid.*, p. 504.

qu'ils avaient « corrigé sur l'original de l'auteur » « toutes
les fausses additions et suppositions de scènes entières, faites
dans les éditions précédentes ». Ainsi, ils prétendaient donner
pour la première fois le texte authentique de I, 7 et 8 et de
la totalité de l'acte III ; le tiers du *Malade* publié auparavant
ne serait pas exactement de Molière. Et c'est généralement
le texte de La Grange qui fait désormais autorité.

Non sans débat, naturellement, car cette histoire du
texte du *Malade* présente quelques difficultés et quelques
mystères[22]. Il n'est pas douteux que le texte de Sambix
repris par 1675 est bien de la prose de Molière et représente
ce qui a été joué par lui ; il est impossible de lui dénier
toute autorité. Mais Molière aurait-il publié cet état de son
texte ? D'autre part, quel est cet « original de l'auteur »
dont La Grange prétend se servir pour contester le tiers
de l'édition de 1675 ? Une version préparée par Molière en
vue de la future publication qu'il n'a pu réaliser ? En tout
cas, le texte de 1675 a pu paraître inachevé – ou à Molière
lui-même, qui aurait laissé des indications de corrections,
voire un état plus achevé, ou à sa veuve Armande Béjart,
qui aurait demandé à un rédacteur indéterminé de retou-
cher une partie de la comédie ; l'édition de Forestier et
Bourqui, qui formule cette hypothèse, suggère le nom de
Donneau de Visé…

Toutes ces hypothèses – car il ne s'agit que d'hypothèses –
laissent perplexe le présent éditeur quand il doit choisir
entre les deux textes à prendre seuls en considération : 1675

---

22 Voir, pour le détail des prises de position : la notice de Georges Couton
pour son édition de la Pléiade, t. II, 1971, p. 1086-1090 ; Robert Garapon,
Le Dernier Molière, 1977, Appendice ; la notice de Georges Forestier et
Claude Bourqui pour leur édition de la Pléiade, t. II, 2010, p. 1561-
1566. – Alain Riffaud a repris la question des premières éditions du
Malade imaginaire au chapitre XVI, p. 299-317, de son *Aventure éditoriale
du théâtre français au XVIIᵉ siècle*, 2018.

et 1682. Mon choix a été fondé par la comparaison entre les deux textes : à mes yeux, le texte de 1682 est sans conteste supérieur stylistiquement et dramaturgiquement au texte de 1675, et marque en effet un aboutissement esthétique.

Mon texte de base sera donc l'édition de 1682, comme le veut la tradition toujours admise[23]. Mais, étant donné l'intérêt du texte de 1675, nous donnerons ce dernier, sous celui de 1682 et en plus petit corps, pour les scènes 7 et 8 de l'acte I et pour la totalité de l'acte III, grâce à l'habile mise en page. Chaque lecteur pourra ainsi se faire son opinion !

Voici la description de ces deux éditions :

– 1675 : LES / ŒUVRES / DE / MONSIEUR / DE MOLIERE / *TOME VII.* / A PARIS, / Chez DENYS THIERRY, ruë S. Jacques, / à l'Enseigne de la Ville de Paris, / ET / CLAUDE BARBIN, au Palais, sur le / second Perron de la Sainte-Chapelle. / M. DC. LXXV. / *AVEC PRIVILEGE DU ROY.* Achevé d'imprimer du 2 mai 1674. Ce volume in-12 donne d'abord *L'Ombre de Molière* de Brécourt, puis, également en pagination séparée, *Le Malade imaginaire* [Prologue : 3-11 ; Acteurs : 12 ; Texte de la comédie : 13-150].

Exemplaires à la BnF (Tolbiac, RES. YF 3143 et 3154 ; plusieurs microfilms et une numérisation : NUMM-8712029) et à l'Arsenal : 8 NF-4629 (7).

– 1682 : LES / ŒUVRES / POSTHUMES / DE / MONSIEUR / DE MOLIERE. / *TOME VIII.* / Imprimées pour la premiere fois en 1682. / *Enrichies de Figures en Taille-douce.* / A PARIS. / Chez / DENYS THIERRY, ruë Saint Jacques, à / l'enseigne de la

---

23   Seule l'édition Forestier-Bourqui prend 1675 comme texte de base.

Ville de Paris. / CLAUDE BARBIN, au Palais sur le se-/cond Perron de la Sainte Chapelle. / ET / PIERRE TRABOUILLET, au Palais, dans la / Gallerie des Prisonniers, à l'image S. Hubert, & / à la Fortune, proche le Greffe des / Eaux & Forests / M. DC. LXXXII. / *AVEC PRIVILEGE DU ROY.* In-12.

Le Malade imaginaire se trouve aux pages 125 à 261.

L'exemplaire BnF Tolbiac RES-YF-3162 a été numérisé : NUMM-71409.

LE LIVRET

Un premier livret parut en 1673 :

LE MALADE / IMAGINAIRE / COMEDIE / Meslée de Musique, & / de dançe. / *Representée sur le Theatre du Palais Royal.* / A Paris, / chez Christophe Ballard, seul / Imprimeur du Roy pour la Musique, ruë / S. Iean de Beauvais, au Mont Parnasse. / M. DC. LXXIII. In-4 de 36 pages.

Plusieurs exemplaires à Tolbiac et aux Arts du spectacle ; numérisé : NUMM-83282.

Ce livret correspond à la création du spectacle. Il donne le texte de la première version du Prologue et des intermèdes, mais pas celui du petit opéra impromptu de II, 5. Comme l'édition de 1682 a le même texte, il est inutile de reprendre ce livret.

Un deuxième livret dut être établi en 1674, après la simplification à quoi fut obligé le musicien Marc-Antoine

Charpentier par les défenses de Lully : *Le Malade imaginaire, comédie meslée de musique, représentée sur le théâtre de la
troupe du Roy, par le sieur de Molière*, Paris, imprimerie de
G. Adam, 1674. In-4°, XVII pages. À la BnF Tolbiac :
RES. YF 415 ; microfilmé.

Ce livret donne un Prologue nouveau (« Autre Prologue »)
et, pour la première fois, les couplets de la Vieille et de
Polichinelle au premier intermède. Ces nouveaux textes ne
peuvent pas être de Molière ; ils se trouvent dans l'édition
de 1682, qui est notre texte de base.

LA PARTITION
(Introduction de Catherine Cessac)

L'une des principales difficultés rencontrées dans l'édition
de la musique de Charpentier pour *Le Malade imaginaire*
résulte de l'état à la fois complexe ou déficitaire des sources
musicales dont les deux principales sont les *Mélanges* auto-
graphes de Charpentier et un manuscrit du XVIIIe siècle,
conservé à la bibliothèque de la Comédie-Française[24]. La
consultation des sources littéraires – c'est-à-dire les livrets
renfermant les versions de 1673 et 1674 – permet d'établir
sans aucun doute la version originale de la comédie-ballet
ordonnée par Molière et Charpentier.

---

24 Signalée dès 1874 par Jules Bonnassies dans son ouvrage *La Musique à
la Comédie-Française*, Paris, Baur, 1874, p. 14, la source conservée à la
Bibliothèque de la Comédie-Française n'a été considérée et étudiée que
plus d'un siècle après, par John S. Powell, « Charpentier's Music for
Molière's *Le Malade Imaginaire* and its revisions », *Journal of the American
Musicological Society*, XXXIX, 1986, p. 87-142.

Dans l'espoir d'être conviés à la cour de Saint-Germain pour la création de leur comédie, ils conçoivent un grand prologue à la gloire de Louis XIV qui vient de combattre en Hollande, ainsi que l'édition du livret de Christophe Ballard l'explique. L'invitation royale ne vint pas et l'œuvre est jouée au théâtre du Palais Royal le 10 février 1673 avec un énorme succès. Il est difficile de savoir si le prologue royal fut joué à cette occasion, et même s'il fut jamais représenté car il n'avait plus de raison d'être pour une représentation à Paris. Dans le cas où il aurait été écarté de la première représentation, on peut envisager que Molière et Charpentier agirent très vite pour en concevoir un autre beaucoup plus modeste intitulé « Plainte de la bergère ». En effet, de par sa thématique et son style, ce prologue aurait toutes les raisons d'avoir été conçu par l'interprète d'Argan. Bien que cela reste une hypothèse[25], la musique de cet « Autre Prologue », avec la « Plainte de la bergère », sera publiée ici.

Les intermèdes pour le *Malade imaginaire* connurent au moins trois versions de 1673 à 1686[26], principalement en raison de la malveillance de Lully qui obtint des ordonnances royales, notamment celle du 30 avril 1673, limitant le nombre des chanteurs et des instruments autorisés à se produire dans les théâtres, à savoir pas plus de deux voix et de six violons[27]. Charpentier signale lui-même dans ses manuscrits les versions successives : « dans sa splendeur »

---

25   Ballard n'aurait de toutes manières pas eu le temps d'imprimer un nouveau livret ou un rectificatif entre le moment où les auteurs signèrent leur composition et celui où ils apprirent que l'œuvre ne serait pas donnée à la cour.

26   Portant les numéros de catalogue suivants (H.495, H.495a, H.495b) dans Hugh Wiley Hitchcock, *Les Œuvres de / The Works of Marc-Antoine Charpentier : Catalogue raisonné*, Paris, Picard, 1982.

27   *Registre de La Grange (1659-1685)*, éd. S. Chevalley, Genève, Minkoff, 197, p. 144 et 297.

pour la création, « avec les deffences » pour l'année suivante et un autre état « rajusté autrement pour la 3ᵉ fois »,
probablement pour une reprise à Versailles, le 11 janvier
1686. L'examen minutieux des sources montre qu'outre ces
trois versions communément admises, il y en eut davantage, les modifications affectant indépendamment les uns
des autres, l'ouverture, le prologue et les intermèdes[28]. *Le
Malade imaginaire* n'était donc pas une composition figée,
mais adaptable aux circonstances de représentation.

SOURCES LITTÉRAIRES

LE / MALADE / IMAGINAIRE / COMEDIE, / Meslée
de Musique, & / de Dançe. / Representée sur le Theatre /
du Palais Royal. / A PARIS, / Chez Christophe Ballard,
seul / Imprimeur du Roy pour la Musique, ruë / S. Iean
de Beauvais, au Mont Parnasse. / M. DC. LXXIII.,
36 p., F-Pn Rés Yf 1205.

Imprimé par Christophe Ballard pour les toutes premières représentations de l'œuvre, ce livret contient le
grand prologue dédié à Louis XIV appelé Églogue[29] et les
trois intermèdes.

LE MALADE / IMAGINAIRE / COMEDIE, / Meslée
de Musique, & / de Dançe. / Representée sur le Theatre /
du Palais Royal., [s.l.n.d.], 30 p., National Library in
Scotland, Sut.215.

---

28   Pour de plus amples explications, voir notre édition *Marc-Antoine
Charpentier, Musiques pour les comédies de Molière* (H.494, 495, 497, 498),
Éditions du Centre de Musique Baroque de Versailles, Monumentales,
I.8.1, 2019.
29   Le terme « églogue » est ainsi défini par le *Dictionnaire de l'Académie
Françoise* (1ᵉ édition, 1694) : « Sorte de Poësie pastorale où d'ordinaire
on fait parler des bergers ».

Cette autre édition de Ballard reprend la précédente, à l'exception de quelques légères variantes d'orthographe et de ponctuation.

LE MALADE / IMAGINAIRE / COMEDIE EN TROIS ACTES. / Mélez de Musique / & de Dançe. / A Amsterdam, Chez Daniel Elzevir. M. DC. LXXIV., 40 p., F-Pn Rés Yf 4179.

Dans cette « préfaçon parisienne[30] » imprimée par Ballard[31], les différents prologues et intermèdes figurent, à part, en fin de volume et non à l'intérieur de la pièce. Les versions de 1673 et 1674 sont nettement différenciées.

Le texte du « petit opéra impromptu[32] », prenant place dans l'acte II, scène 5, n'est pas reproduit dans les livrets, seulement dans la pièce elle-même. Nous empruntons la version de cette scène à la seconde édition parisienne du *Malade imaginaire* parue en 1674, à Cologne, chez Jean Sambix[33].

SOURCES MUSICALES

— *Mélanges*, tome 13, cahier « I »,   Grand Prologue ;
  p. 1-40, F-Pn Musique Rés
  Vm¹ 259 (13)

---

30 Alain Riffaud, « Enquête sur les premières éditions du *Malade imaginaire* de Molière », [in] *L'Aventure éditoriale du théâtre français au XVIIᵉ siècle, op. cit.*, p. 316.

31 *Ibid.*

32 Titre tiré de la réplique de Cléante qui présente à Argan la pièce qui va être chantée.

33 *Le Malade imaginaire, Comédie meslée de musique et de dance. Par Mᵉ de Molière*, Cologne, Jean Sambix, 1674.

– *Mélanges*, tome 16, cahier XVII, f. 52-53ᵛ, F-Pn Musique Rés Vm¹ 259 (16)	Ouverture et Petit Prologue ;
– *Mélanges*, tome 16, cahier XVII, p. 57-67, *Ibid.*,	Second intermède ;
– *Mélanges*, tome 16, cahier XVII, p. 69-88, *Ibid.*,	Troisième intermède.

Dans toutes ses versions, la partition du *Malade imaginaire* est dispersée dans pas moins de six cahiers (« I », XVI, XVII, 44, 45, XLVIII) des *Mélanges*, tout en étant incomplète, y compris dans sa première version.

– *THEATRE FRANÇOIS TOM. II,* p. 132-182, F-*TF* 6R5	Le Malade imaginaire / 1673.

Ce manuscrit a l'immense mérite d'avoir préservé certaines pièces en exemplaire unique, tout particulièrement le premier intermède dans sa version originale et le « petit opéra impromptu ».

Catherine Cessac

La nouvelle édition de la musique de Charpentier, préparée par Catherine Cessac, vient d'être achevée pour le Centre de Musique Baroque de Versailles. En voici la référence : *Musiques pour les comédies de Molière*, éditées par Catherine Cessac, Collection monumentale Marc-Antoine Charpentier, éditions de Centre de musique baroque de Versailles, Versailles, 2019.

DISCOGRAPHIE

On se reportera à la discographie complète (consultée en janvier 2020) établie par Catherine Cessac et désormais en ligne au C.M.B.V., sur le site : http://philidor.cmbv.fr/Publications/Base-de-donnees-bibliographiques-sur-la-musique-des-XVIIe-et-XVIIIe-siecles-en-France/Faire-une-recherche.

H.495 : Le Malade imaginaire. Pour solistes, chœur, deux flûtes, mortiers d'apothicaire, cordes et basse continue :

Charpentier/Molière, *Le Malade imaginaire*, dir. Marc Minkowski, avec ses Musiciens du Louvre, 1990 (Érato, CD 245 002-2) ; repris en 1992.

Charpentier/Molière, *Le Malade imaginaire*, dir. William Christie, avec ses Arts Florissants, 1990 (Harmonia mundi, CD HMC 901336) ; repris en 2005 et en 2012.

Charpentier/Molière, *Le Malade imaginaire*, dir. Louis Devos, avec l'Atelier Théâtral de Louvain-la-Neuve, 1994 (Musica Polyphonica, CD LMI-94) (Comédie enregistrée, manque le premier intermède).

H. 495a : Le Malade imaginaire « avec les deffences »

(prologue et 1ᵉʳ intermède). Pour solistes, deux flûtes, cordes et basse continue :

CHARPENTIER, *Musiques pour les comédies de Molière*, dir. Hugo Reyne, avec La Simphonie du Marais, 2011 (Musiques à la Chabotterie, CD 65010) (couplé avec H.494, H.498, H.497).

BIBLIOGRAPHIE SÉLECTIVE

ÉDITIONS SÉPARÉES

Éd. Bénédicte Louvat-Molozay, Paris, Librairie générale française, nouvelle édition, 2012 (Le Livre de poche. Classique. Théâtre).
Éd. sous la direction de Marie-Hélène Prat, présentée par Nathalie Fournier, Paris, Bordas, 2016 (Classiques Bordas).
Éd. Judith Le Blanc et Bénédicte Louvat-Molozay, Paris, Flammarion, 2020 (GF).

CRITIQUE

JOUVET, Louis, *Molière et la comédie classique*, Paris Gallimard, 1965 (Pratique du théâtre).
ROSSAT-MIGNOD, Suzanne, « La pensée rationnelle de Molière en médecine », *Les Cahiers rationalistes*, 1973, p. 407-428.
GARAPON, Robert, *Le Dernier Molière. Des « Fourberies de Scapin » au « Malade imaginaire »*, Paris, S.E.D.E.S., 1977.
SORIANO, Marc, « La maladie du Malade imaginaire »,

Cahiers de recherches de l'Université de Paris VII, n° 3, hiver 1977-1978, p. 25-35.

PINEAU, Joseph, « La constellation des personnages dans *Le Malade imaginaire* (Propos méthodologiques) », *La Licorne*, 1978/2, p. 135-143.

MAZOUER, Charles, *Le Personnage du naïf dans le théâtre comique du Moyen Âge à Marivaux*, Paris, Klincksieck, 1979 (Bibliothèque française et romane. Série C, 76).

McBRIDE, Robert, « The Sceptical view of medecine and the comic vision in Molière », *Studi francesi*, n° 67, gennaio-aprile 1979, p. 27-42.

FICHET-MAGNAN, Élisabeth, « Argan et Louison : Molière, l'enfant et la mort », *Romanische Zeitschrift für Literaturgeschichte-Cahiers d'histoire des littératures romanes*, 1982 (VI), p. 306-321.

FUMAROLI, Marc, « Aveuglement et désabusement dans *Le Malade imaginaire* », [in] *Vérité et illusion dans le théâtre au temps de la Renaissance*, p. p. M.-T. Jones-Davies, Paris, J. Touzot, 1983, p. 105-114.

CESSAC, Catherine, *Marc-Antoine Charpentier*, Paris, Fayard, 1988 (nouvelle édition revue et augmentée en 2004).

MAZOUER, Charles, « Molière et Marc-Antoine Charpentier », *C.A.I.E.F.*, mai 1989, n° 41, p. 145-160.

DANDREY, Patrick, « Un brouillon méconnu de Molière ? Réflexions sur l'édition Sambix du Malade imaginaire », [in] *Hommages à Jean-Pierre Collinet*, textes recueillis par Jean Foyard et Gérard Taverdet, Dijon, Éditions universitaires de Dijon. Association bourguignonne de dialectologie et d'onomastique, 1992, p. 93-100.

SERROY, Jean, « Argan et la mort. Autopsie du malade imaginaire », [in] *L'Art du théâtre. Mélanges en hommage à Robert Garapon*, réunis pas Yvonne Bellenger, Gabriel Conesa, Jean Garapon, Charles Mazouer et Jean Serroy, Paris, PUF, 1992, p. 239-246.

DESFOUGÈRES, Anne-Marie, « Le jeu d'Argan », [in] *Thèmes et genres littéraires aux XVIIe et XVIIIe siècles. Mélanges en l'honneur de Jacques Truchet*, Paris, PUF, 1992, p. 349-355.

DELMAS, Christian, « Molière et la comédie fantasmatique », *Littératures classiques*, Supplément annuel, janvier 1993, p. 61-67.

SERROY, Jean, « 'Guenille si l'on veut…'. Le corps dans les dernières comédies de Molière », *Littératures classiques*, Supplément annuel, janvier 1993, p. 89-100.

DANDREY, Patrick, *Le « cas » Argan. Molière et la maladie imaginaire*, Paris Klincksieck, 1993 (Bibliothèque d'Histoire du Théâtre, 3) ; édition augmentée en 1998 ; nouvelle édition en 2006.

MAZOUER, Charles, *Molière et ses comédies-ballets*, Paris, Klincksieck, 1993 ; nouvelle édition revue et corrigée, Paris, Champion, 2006.

POWELL, John S., « La métamorphose d'un intermède musical dans *Le Malade imaginaire* », *R.H.T.*, 1994-2, p. 155-178.

DUCHÊNE, Roger, *Molière*, Paris, Fayard, 1998.

DANDREY, Patrick, *La Médecine et la maladie dans le théâtre de Molière*, t. II : *Molière et la maladie imaginaire, ou De la mélancolie hypocondriaque*, Paris, Klincksieck, 1998 (2006).

KAUFMANN, Vincent, « De quoi souffre le malade imaginaire ? », *Furor*, 30, 2000, p. 165-185.

THIROUIN, Laurent, « L'impiété dans *Le Malade imaginaire* », [in] *Libertinage et philosophie au XVIIe siècle, 4 : « Gassendi et les gassendistes » et « Les passions libertines »*,

Publications de l'Université de Saint-Étienne, 2000, p. 121-143.

PREST, Julia, « The problem of praise and the first prologue to *Le Malade imaginaire* », *Sevennteenth-century French studies*, 23, 2001, p. 139-149.

MAZOUER, Charles, *Le Théâtre d'Arlequin. Comédies et comédiens italiens en France au XVIIe siècle*, Fasano-Schena et Presses de l'Université de Paris-Sorbonne, 2002 (Biblioteca della Ricercha. Cultura straniera, 112).

GAMBELLI, Delia, « Molière et la plus grande des fêtes : la mort domptée », [in] *Molière et la fête* (Colloque de Pézenas, 2001), sous la direction de Jean Emelina, Ville de Pézenas, 2003, p. 219-228.

FLECK, Stephen H., « L'imaginaire du *Malade* : Musique, voix, et masque dans la fête ultime de Molière », [in] *Molière et la fête* (Colloque de Pézenas, 2001), sous la direction de Jean Emelina, Ville de Pézenas, 2003, p. 307-330.

Molière et la musique. Des états du Languedoc à la cour du Roi-Soleil, sous la direction de Catherine Cessac, Montpellier, Les Presses du Languedoc, 2004 (Musique et patrimoine en Languedoc-Roussillon).

GAUDIN-BORDES, Lucile, « Du vice à la vertu : analyse sémantique et énonciative de l'impertinence dans *Le Malade imaginaire* », *Loxias*, 15, 2006, p. 1-10.

LOUVAT-MOLOZAY, Bénédicte et PARINGAUX, Céline, *Molière. « L'amour médecin », « Monsieur de Pourceaugnac », « Le Malade imaginaire »*, Neuilly, Atlande, 2006 (Clefs Concours).

MAZOUER, Charles, Bibliographie critique commentée pour *L'Amour médecin*, *Monsieur de Pourceaugnac* et *Le Malade imaginaire*, *L'Information littéraire*, 3, 2006-1, p. 46-48.

POROT, Bertrand, « Ballet en comédie ou comédie en ballet ? Étude musicale de trois comédies-ballets de Molière : *L'Amour médecin, Monsieur de Pourceaugnac* et *Le Malade imaginaire* », *Méthode !*, n° 11, 2006, p. 149-167.

CANOVA-GREEN, Marie-Claude, *« Ces gens-là se trémoussent bien… ». Ébats et débats dans la comédie-ballet de Molière*, Tübingen, Gunter Narr, 2007 (*Biblio 17*, 171).

DANDREY, Patrick, « Molière auto-portraitiste : du masque au visage », *Travaux de littérature*, XX, 2007, p. 107-119.

BAUDRY-KRUGER, Hervé, *Molière par-derrière : essais sur un motif du comique médical dans la tétralogie (L'Amour médecin, Le Médecin malgré lui, Monsieur de Pourceaugnac, Le Malade légionnaire)*, Soignies (Belgique), Talus d'approche, 2007.

HAWCROFT, Michael, *Molière : reasoning With am fools*, Oxford, Oxford University Press, 2007.

GOODKIN, Richard, « L'ailleurs romanesque de *L'École des femmes*, des *Femmes savantes* et du *Malade imaginaire* », [in] *Molière et le romanesque du XXe siècle à nos jours*, Actes du 4° colloque de Pézenas (8-9 juin 2007) p. p. Gabriel Conesa et Jean Emelina, Pézenas, Domens, 2009, p. 94-109.

HÖFER, Bernadette, « La (re)présentation de l'hypocondrie dans *Le Malade imaginaire* », [in] *L'Âge de la représentation : l'art du spectacle au XVIIe siècle*, Tübingen, Gunter Narr, 2007, p. 207-217.

HÖFER, Bernadette, « Du corps souffrant au corps pensé : *Le Malade imaginaire* », *Symposium*, vol. 61, n° 3, 2007, p. 171-189.

PEACOCK, Noël, « 'I told you I was ill' : *joie de vivre* et *joie de mourir* in *Le Malade imaginaire* », [in] *Joie de vivre in French literature and culture : essays in honour of Michael Freeman*, Amsterdam, Rodopi, 2009, p. 155-175.

GAINES, James F., *Molière and Paradox. Skepticism and Theater in the Early Modern Age*, Tübingen, Gunter Narr, 2010 (Biblio 17, 189).

VICTOR, Lucien, « Quelques mots sur *Le Malade imaginaire* », [in] *Gueux, frondeurs, libertins, utopiens. Autres et ailleurs du XVIIᵉ siècle* (Mélanges Ronzeaud), Presses universitaires de Provence, 2013, p. 317-326.

FLECK, Stephen H., *L'Ultime Molière. Vers un théâtre éclaté*, Tübingen, Gunter Narr, 2016 (Biblio 17, 213).

NÉDELEC, Claudine et PARINGAUX, Céline, « Langages de Molière », [in] *Molière Re-Envisioned. Twenty-First Century Retakes / Renouveau et renouvellement moliéresques. Reprises contemporaines*, sous la direction de M. J. Muratore, Paris, Hermann, 2018, p. 141-159.

MAZOUER, Charles, « La religion des personnages de Molière », [in] *Molière Re-Envisioned. Twenty-First Century Retakes / Renouveau et renouvellement moliéresques. Reprises contemporaines*, sous la direction de M. J. Muratore, Paris, Hermann, 2018, p. 295-322.

BASTIEN, Sophie, « Une radiographie contemporaine du *Malade imaginaire* », [in] *Molière Re-Envisioned. Twenty-First Century Retakes / Renouveau et renouvellement moliéresques. Reprises contemporaines*, sous la direction de M. J. Muratore, Paris, Hermann, 2018, p. 605-629.

DANDREY, Patrick, « La tradition du médecin charlatan revue par Molière ou l'imposture candide », [in] *Théâtre et charlatans dans l'Europe moderne*, sous la direction de Beya Dhraïef, Éric Négrel et Jennifer Rumi, Paris, Presses Sorbonne Nouvelle, 2018, p. 117-125.

FORESTIER, Georges, *Molière*, Paris, Gallimard, 2018 (Biographies).

RIFFAUD, Alain, *L'Aventure éditoriale du théâtre français au XVIIᵉ siècle*, Paris, PUPS, 2018.

BARBAFIERI, Carine, « Faire rire d'une vilaine manière dans la France classique », *Théâtre du monde*, cahier 29, 2019, p. 107-119.

ROCHE, Bruno, *Lumières épicuriennes au XVIIe siècle : La Mothe Le Vayer, Molière, La Fontaine*, Paris, Champion, 2020.

CESSAC, Catherine, « *Le Malade imaginaire* de Molière et Charpentier. De l'incidence des intermèdes musicaux sur l'édition de la comédie », XVIIe *siècle*, juillet 2022, n° 296, p. 555-565.

Molière et la musique. Des états du Languedoc à la cour du Roi-Soleil, sous la direction de Catherine Cessac, nouvelle édition revue et mise à jour, Paris, Les éditions de Paris, 2022.

LE
MALADE
IMAGINAIRE,

COMÉDIE
MESLÉE DE MUSIQUE
ET DE DANSES.

Par Monsieur de MOLIÈRE.

Corrigée sur l'original de l'Autheur, de
toutes les fausses additions & suppositions
de Scènes entières, faites dans les
Éditions précédentes.

*Représentée pour la première fois, sur le
Théâtre de la Salle du Palais-Royal,
le dixiéme Février 1673.*

Par la Trouppe du ROY.

LE
MALADE
IMAGINAIRE,

Comédie
meslée de musique
et de danses.

LE PROLOGUE[1]

Après les glorieuses fatigues et les exploits victorieux de notre auguste monarque[2], il est bien juste que tous ceux qui se mêlent d'écrire travaillent ou à ses louanges, ou à son divertissement. C'est ce qu'ici l'on a voulu faire, et ce Prologue est un essai[3] des louanges de ce grand prince, qui donne entrée à la comédie du *Malade imaginaire*, dont le projet a été fait pour le délasser de ses nobles travaux.

---

1   C'est le Prologue initialement prévu pour les spectateurs de Molière au Palais-Royal, tel qu'il a d'abord été publié dans le livret de 1673 – le premier Prologue « dans sa splendeur », est-il stipulé dans la partition de Marc-Antoine Charpentier.

2   Il s'agit de la première phase de la guerre de Hollande, avec la campagne de 1672. L'invasion de la Hollande par les deux armées royales connut des épisodes glorieux comme le passage du Rhin et la prise de villes, mais aurait pu mal se terminer, avec des inquiétudes à la fin de 1672.

3   *Essai* : échantillon.

La décoration représente un lieu champêtre,
et néanmoins fort agréable.

ÉGLOGUE[4]   [L iij] [126]

en musique et en danse

FLORE, PAN, CLIMÈNE, DAPHNÉ,
TIRCIS, DORILAS, DEUX ZÉPHIRS,
TROUPE DE BERGÈRES, ET
DE BERGERS

FLORE[5]

Quittez, quittez vos troupeaux,
Venez Bergers, venez Bergères,
Accourez, accourez sous ces tendres ormeaux[6] ;
Je viens vous annoncer des nouvelles bien chères,
Et réjouir tous ces hameaux.
Quittez, quittez vos troupeaux,
Venez Bergers, venez Bergères,
Accourez, accourez sous ces tendres ormeaux.

CLIMÈNE *et* DAPHNÉ

Berger, laissons là tes feux,
Voilà Flore qui nous appelle.

TIRCIS *et* DORILAS

Mais au moins dis-moi, cruelle,

---

4   *Églogue* : « Poème pastoral écrit dans un style simple et naïf où, à travers les dialogues des bergers, l'auteur relate les événements généralement heureux de la vie champêtre, chante la nature, les occupations et les amours rustiques. » (*Trésor de la langue française*).

5   *Flore* est la déesse des fleurs et des jardins.

6   Un *ormeau* est un jeune orme.

TIRCIS
Si d'un peu d'amitié[7] tu payeras mes vœux,

DORILAS
Si tu seras sensible à mon ardeur fidèle.

CLIMÈNE *et* DAPHNÉ
Voilà Flore qui nous appelle.

TIRCIS *et* DORILAS
Ce n'est qu'un mot, un mot, un seul mot que je veux.

TIRCIS
Languirai-je toujours dans ma peine mortelle ?

DORILAS   [127]
Puis-je espérer qu'un jour tu me rendras heureux ?

CLIMÈNE *et* DAPHNÉ
Voilà Flore qui nous appelle.

ENTRÉE DE BALLET

Toute la troupe des Bergers et des Bergères va se placer en cadence autour de Flore.

CLIMÈNE
Quelle nouvelle parmi nous,
Déesse, doit jeter tant de réjouissance ?

DAPHNÉ
Nous brûlons d'apprendre de vous
Cette nouvelle d'importance.

---

7   D'amour.

DORILAS

D'ardeur nous en soupirons tous.

TOUS ENSEMBLE

Nous en mourons d'impatience.

FLORE

La voici, silence, silence !
Vos vœux sont exaucés, LOUIS est de retour[8],
Il ramène en ces lieux les plaisirs et l'amour,
Et vous voyez finir vos mortelles alarmes.
Par ses vastes exploits son bras voit tout soumis ;
                    Il quitte les armes,
                    Faute d'ennemis.

TOUS

Ah ! quelle douce nouvelle !
Qu'elle est grande ! qu'elle est belle !
Que de plaisirs ! que de ris ! que de jeux !
Que de succès[9] heureux !
Et que le Ciel a bien rempli nos vœux !
Ah ! quelle douce nouvelle !
Qu'elle est grande ! qu'elle est belle !

---

8   Louis XIV rentra en France avant la fin de la campagne, au début d'août
     1672. – Non seulement la typographie met en valeur le nom du roi,
     mais le vers lui ménagera à chaque fois une diérèse.
9   Le *succès* est l'issue, le résultat, sans qualification ; d'où la nécessité ici
     de préciser « succès heureux ».

AUTRE ENTRÉE DE BALLET   [L iiij] [128]

Tous les Bergers et Bergères expriment par des danses
les transports de leur joie[10].

FLORE

De vos flûtes bocagères
Réveillez les plus beaux sons ;
LOUIS offre à vos chansons
La plus belle des matières.
            Après cent combats,
            Où cueille son bras
            Une ample victoire,
            Formez entre vous
            Cent combats plus doux,
            Pour chanter sa gloire.

TOUS

            Formons entre nous
            Cent combats plus doux,
            Pour chanter sa gloire.

FLORE

Mon jeune amant[11], dans ce bois,
Des présents de mon empire
Prépare un prix à la voix
Qui saura le mieux nous dire
Les vertus et les exploits
Du plus auguste des rois[12].

---

10   Les manifestations de la joie.
11   *L'amant de Flore* est Zéphire, qui ne paraîtra pas – deux zéphirs de
     moindre rang le représenteront.
12   Le duel poétique est fréquent parmi les bergers de la pastorale, depuis
     l'Antiquité (Théocrite, Virgile).

CLIMÈNE
Si Tircis a l'avantage,

DAPHNÉ
Si Dorilas est vainqueur,

CLIMÈNE
À le chérir je m'engage,

DAPHNÉ
Je me donne à son ardeur.

TIRCIS
Ô trop chère espérance !   [129]

DORILAS
Ô mot plein de douceur !

TOUS DEUX
Plus beau sujet, plus belle récompense
Peuvent-ils animer un cœur ?

Les violons jouent un air pour animer les deux Bergers au combat, tandis que Flore, comme juge, va se placer au pied d'un bel arbre, qui est au milieu du théâtre, avec deux Zéphirs[13], et que le reste, comme spectateurs, va occuper les deux côtés de la scène.

TIRCIS
Quand la neige fondue enfle un torrent fameux,
Contre l'effort soudain de ses flots écumeux
Il n'est rien d'assez solide ;

---

13   Les *Zéphirs* sont la personnification des vents doux.

Digues, châteaux, villes et bois,
Hommes, et troupeaux à la fois,
Tout cède au courant qui le guide ;
Tel, et plus fier, et plus rapide,
Marche LOUIS dans ses exploits.

BALLET

Les Bergers et Bergères du côté de Tircis, dansent autour de lui sur une ritournelle, pour exprimer leurs applaudissements.

DORILAS
Le foudre[14] menaçant, qui perce avec fureur
L'affreuse obscurité de la nue enflammée,
*   Fait d'épouvante et d'horreur*
*   Trembler le plus ferme cœur ;*
*   Mais à la tête d'une armée*
*   LOUIS jette plus de terreur.*

BALLET   [130]

Les Bergers et Bergères du côté de Dorilas, font de même que les autres.

TIRCIS
Des fabuleux exploits que la Grèce a chantés,
Par un brillant amas de belles vérités
*   Nous voyons la gloire effacée,*
*   Et tous ces fameux demi-dieux*

---

14   Le mot est de genre incertain au XVIIe siècle.

Que vante l'histoire passée
Ne sont point à notre pensée,
Ce que LOUIS est à nos yeux.

BALLET

Les Bergers et Bergères de son côté font encore la même chose.

DORILAS

LOUIS fait à nos temps, par ses faits inouïs,
Croire tous les beaux faits que nous chante l'histoire
Des siècles évanouis.
Mais nos neveux[15] dans leur gloire
N'auront rien qui fasse croire
Tous les beaux faits de LOUIS.

BALLET

Les Bergères de son côté font encore de même, après quoi les deux partis se mêlent.

PAN, *suivi de six Faunes.*

Laissez, laissez, Bergers, ce dessein téméraire.
Hé ! que voulez-vous faire ?
Chanter sur vos chalumeaux[16]
Ce qu'Apollon sur sa lyre,
Avec ses chants les plus beaux,
N'entreprendrait pas de dire ?

---

15 *Neveux* : postérité.
16 *Chalumeau* : flûte rustique faite d'un roseau percé de trous.

C'est donner trop d'essor au feu qui vous inspire,
C'est monter vers les cieux sur des ailes de cire[17],
   Pour tomber dans le fond des eaux.
Pour chanter de LOUIS l'intrépide courage,   [131]
   Il n'est point d'assez docte voix,
Point de mots assez grands pour en tracer l'image;
    Le silence est le langage
    Qui doit louer ses exploits.
Consacrez d'autres soins à sa pleine victoire :
Vos louanges n'ont rien qui flatte ses désirs;
   Laissez, laissez là sa gloire,
   Ne songez qu'à ses plaisirs.

    TOUS
Laissons, laissons là sa gloire,
Ne songeons qu'à ses plaisirs.

    FLORE
Bien que pour étaler ses vertus immortelles
   La force manque à vos esprits,
Ne laissez pas tous deux de recevoir le prix[18].
   Dans les choses grandes et belles
   Il suffit d'avoir entrepris[19].

---

17 Comme Icare. Mais Horace (*Odes*, IV, 2) s'était servi d'Icare et en avait fait le symbole de l'ambition littéraire (vers 1-4 : qui voudrait imiter le grand poète Pindare irait à l'échec, à la chute, comme Icare envolé avec ses ailes de cire tomba dans la mer).

18 *Ne pas laisser de faire quelque chose* : le faire néanmoins.

19 On peut bien remonter jusqu'à Properce (*Élégies*, II, 10, v. 6 : «*In Magnus et voleuse sat est*»), comme pour La Fontaine (Épître à Monseigneur le Dauphin en tête du premier recueil des *Fables* : «Et si de t'agréer je n'emporte le prix, / J'aurai du moins l'honneur de l'avoir entrepris», vers 15-16), mais l'adage était certainement devenu banal et constamment reformulé.

ENTRÉE DE BALLET

Les deux Zéphirs dansent avec deux couronnes de fleurs
à la main, qu'ils viennent donner ensuite aux deux Bergers.

CLIMÈNE *et* DAPHNÉ, *en leur donnant la main.*
Dans les choses grandes et belles
Il suffit d'avoir entrepris.

TIRCIS *et* DORILAS
Ah !que d'un doux succès[20] *notre audace est suivie !*

FLORE *et* PAN
Ce qu'on fait pour LOUIS, on ne le perd jamais.

LES QUATRE AMANTS
Au soin de ses plaisirs donnons-nous désormais.

FLORE *et* PAN   [132]
Heureux, heureux, qui peut lui consacrer sa vie.

TOUS
Joignons tous dans ces bois
Nos flûtes et nos voix,
Ce jour nous y convie ;
Et faisons aux échos redire mille fois :
« LOUIS est le plus grand des rois ;
Heureux, heureux, qui peut lui consacrer sa vie ! »

---

20   *Succès* : voir *supra*, la note 9.

DERNIÈRE
ET GRANDE ENTRÉE DE BALLET

Faunes, Bergers et Bergères, tous se mêlent, et il se fait entre eux des jeux de danse, après quoi ils se vont préparer pour la comédie[21].

AUTRE PROLOGUE[22]   [133]

Votre plus haut savoir n'est que pure chimère,
         Vains et peu sages médecins ;
Vous ne pouvez guérir par vos grands mots latins
         La douleur qui me désespère.
Votre plus haut savoir n'est que pure chimère.

                           *

Hélas ! hélas ! je n'ose découvrir

---

21 La troupe champêtre est censée aller changer d'habit pour tenir des rôles dans la comédie : manière de relier le prologue à la comédie.

22 C'est le Prologue refait après que Lully eut obtenu une ordonnance qui défendait aux comédiens plus de deux chanteurs et six violons – le deuxième prologue « avec les défenses » écrit Charpentier, qui dut créer une autre musique. Le texte, qui n'est probablement pas de Molière, en fut imprimé dans le livret de 1674. Ce livret de 1674 a d'abord le texte suivant : AUTRE PROLOGUE // Le théâtre représente une forêt. / L'ouverture du théâtre se fait par un bruit agréable d'instruments. Ensuite une Bergère vient se plaindre tendrement de ce qu'elle ne trouve aucun remède pour soulager les peines qu'elle endure. Plusieurs Faunes et Aegipans [divinité champêtre, satyre dont le corps est en partie d'un homme et en partie d'une chèvre] assemblés pour des fêtes et des jeux qui leur sont particuliers, rencontrent la Bergère. Ils écoutent ses plaintes, et forment un spectacle très divertissant. / PLAINTE DE LA BERGÈRE / *Votre plus haut savoir*, etc. /

> *Mon amoureux martyre,*
> *Au berger pour qui je soupire,*
> *Et qui seul peut me secourir.*
> *Ne prétendez pas le finir,*
> *Ignorants médecins, vous ne sauriez le faire ;*
> *Votre plus haut savoir n'est que pure chimère.*

*

> *Ces remèdes peu sûrs, dont le simple vulgaire*
> *Croit que vous connaissez l'admirable vertu,*
> *Pour les maux que je sens n'ont rien de salutaire,*
> *Et tout votre caquet ne peut être reçu*
> > *Que d'un MALADE IMAGINAIRE.*

> *Votre plus haut savoir n'est que pure chimère,*
> > *Vains et peu sages, etc.*

> *Le théâtre change et représente une chambre.*

ACTEURS [134]

ARGAN, malade imaginaire[23].

BÉLINE[24], seconde femme d'Argan.

ANGÉLIQUE[25], fille d'Argan, et amante de Cléante.

LOUISON[26], petite fille d'Argan, et sœur d'Angélique.

BÉRALDE, frère d'Argan.

CLÉANTE[27], amant d'Angélique.

MONSIEUR DIAFOIRUS[28], médecin.

THOMAS DIAFOIRUS[29], son fils, et amant d'Angélique.

MONSIEUR PURGON[30], médecin d'Argan.

---

23 Rôle de Molière. Son costume n'a pas été inventorié après son décès. Quand La Thorillière a repris le rôle, à partir du 3 mars 1673, il a fait faire un costume et nous avons le mémoire du tailleur (chemisette de velours, chausses en soie, chemisette et bonnet avec des bandes de fourrure, bas de soie fins) ; Molière portait-il un costume élégant identique ? En tout cas, il semble que la robe de chambre ne fut jamais un attribut du personnage pour les acteurs du temps.

24 *Belin*, en ancien français, c'est le mouton. Le dictionnaire de l'ancien français de Godefroy, à l'entrée *Béline*, donne : « terme de caresse, en parlant d'une femme, comme qui dirait petite brebis ». Le nom convient parfaitement à la doucereuse (mais hypocrite) seconde femme d'Argan, dont le rôle a probablement été créé par Mlle de Brie.

25 Rôle peut-être créé par la femme de Molière.

26 Très certainement jouée par la petite Louise Beauval, fille des comédiens Beauval, que Louis XIV avait fait entrer dans la troupe de Molière ; elle avait huit ans en 1673.

27 Rôle créé par La Grange.

28 Inutile d'épiloguer sur ce nom ! Le préfixe grec (*dia*) et la désinence latine (*us*), qui signalent le pédantisme, encadrent le mot cru de *foire*, qui désigne le flux de ventre.

29 Rôle créé par Beauval.

30 *Purgon, Fleurant, Bonnefoy* : trois noms fort significatifs. Le médecin *Purgon* fonde sa thérapie sur les purgations (*clysterium donare* !) ; l'apothicaire *Fleurant* (le nom était réel), peut-être joué par Raisin, passait son temps à examiner, à flairer les déjections des malades et ne devait pas fleurer

MONSIEUR FEURANT, apothicaire.

MONSIEUR BONNEFOY, notaire.

TOINETTE[31], servante.

La scène est à Paris[32].

---

bon, sentir bon (encore au XVIIe, on ne fait pas la distinction entre *flairer* et *fleurer*); quant au nom du notaire, il est choisi par antiphrase.

31 Rôle créé par Mlle Beauval.

32 Pas d'indication sur le décor ni sur les accessoires avant 1680. Le Répertoire de Michel Laurent (*Mémoire de Mahelot*, éd. Pierre Pasquier, Paris Champion, 2005, p. 334-335, que je ponctue, tout en respectant la graphie) donne la notice suivante, pour une représentation de 1680 à l'Hôtel de Bourgogne : « Theatre est une chambre et une allecove dans le fonds au premier acte, une chaisse, table, sonnette et une bourse au jettons, un manteau fourrez, six oreiller, un baston. Premiere intermede : une guittare ou lut, 4 mousquetons, 4 lanterne sourde, 4 bastons, une vessies [qu'on fait éclater pour imiter les coups de pistolet ?]. Second acte : il faut 4 chaisse, une poignee de verge, du papier [pour imiter la partition du petit opéra impromptu chanté par Cléante et Angélique ?]. Second intermède : 4 tambour de basque. Troisiesme intermède : il faut la chaisse de presesse [il s'agit de la *chaire*, du siège destiné au *Praeses*, le président de la cérémonie d'intronisation] et les deux grand banc, huict seringues, 4 eschelles [pour l'accrochage des tapisseries ?], 4 marteaux [pour les clous qui fixent les tapisseries ? pour frapper sur les mortiers d'apothicaires utilisés comme des cloches ?], 4 mortiers, 4 pillons, six tabourest, les robes rouges finisse [certains font une autre lecture de ce mot manuscrit, qui pourrait être *fourrées*, ce qui irait avec *les robes rouges*…]. Il faut changer le théatre au premier intermede et represanter une ville ou des rues ; et la chambre paroist comme lon a commancé. Il faut 3 piece de tapisserie de haute lisse et des perches et cordes [probablement pour tendre la salle de la cérémonie]. »

ACTE I   [135]

Scène PREMIÈRE

ARGAN, *seul dans sa chambre assis, une table devant lui,*
compte des parties d'apothicaire avec des jetons[33] *;*
il fait, parlant à lui-même, les dialogues suivants.

Trois et deux font cinq, et cinq font dix, et dix font vingt.
Trois et deux font cinq. « Plus, du vingt-quatrième[34], un petit
clystère[35] insinuatif[36], préparatif, et rémollient[37], pour amollir,

---

33 Les *parties d'apothicaires* sont les mémoires desdits, leurs factures ; à
    propos des *mémoires d'apothicaires*, Furetière précise que ce « sont des
    mémoires de frais ou de fournitures dont il faut retrancher la moitié
    pour les payer raisonnablement ». Argan va s'employer devant nous à
    ces retranchements ! Pour ses vérifications et calculs, Argan utilise des
    jetons puisés dans un sac et une planchette divisée en trois lignes ; je
    reproduis tout simplement la suite de l'explication la plus claire, celle qui
    est donnée par Georges Couton dans son annotation de la Pléiade (t. 2,
    1971, p. 1504-1505) : « Sur la ligne du bas, les jetons qui représentent
    les demi-sous (six deniers) [un demi-sol = 6 deniers]. Sur la ligne du
    centre, les jetons représentant les sous, divisés en trois tas : sous, cinq
    sous, dix sous. Sur la ligne du haut les livres, en quatre tas : livres, cinq
    livres, dix livres, vingt livres. Quand il arrive à cinq sous, il supprime
    du casier des sous les cinq jetons et les remplace par un jeton dans le
    tas des cinq sous ; quand il a deux jetons de cinq sous, il les remplace
    par un jeton dans le casier des dix sous ; etc. ». On rappelle qu'une livre
    ou un franc valait vingt sols et qu'un sol valait douze deniers.

34 Argan achève sous nos yeux le récapitulatif d'un mois de remèdes ; à
    voir ce qu'il a pu prendre en quelques jours, on imagine ce que fut
    sur un mois complet !

35 Citons un peu le long article de Furetière pour définir un *clystère* : « C'est
    un remède ou injection liquide qu'on introduit dans les intestins par le
    fondement pour les rafraîchir, pour lâcher le ventre, pour humecter ou
    amollir les matières, pour irriter la faculté expultrice, dissiper les vents,
    aider à l'accouchement, etc. » Il décrit ensuite les diverses compositions
    et les divers effets de tous les différents lavements.

36 Un *clystère insinuatif* est propre à faire pénétrer les médicaments.

37 *Rémollient* : adoucissant.

humecter, et rafraîchir les entrailles de Monsieur. » Ce qui me plaît de Monsieur Fleurant, mon apothicaire, c'est que ses parties sont toujours fort civiles : « les entrailles de Monsieur, trente sols. » Oui, mais Monsieur Fleurant, ce n'est pas tout que d'être civil, il faut être aussi raisonnable, et ne pas écorcher les malades. Trente sols un lavement, je suis votre serviteur[38], je vous l'ai déjà dit. Vous ne me les avez mis dans les autres parties qu'à vingt sols, et vingt sols en langage d'apothicaire, c'est à dire dix sols ; les voilà, dix sols. « Plus, dudit jour, un bon clystère détersif[39], composé avec catholicon[40] double, rhubarbe, miel rosat[41], et autres, suivant l'ordonnance, pour balayer, laver, et nettoyer le bas-ventre de Monsieur, trente sols. » Avec vo[136]tre permission, dix sols. « Plus, dudit jour, le soir, un julep hépatique[42], soporatif[43], et somnifère, composé pour faire dormir Monsieur, trente-cinq sols. » Je ne me plains pas de celui-là, car il me fit bien dormir. Dix, quinze, seize et dix-sept sols, six deniers. « Plus, du vingt-cinquième, une bonne médecine purgative et corroborative[44], composée de casse[45] récente avec séné levantin[46], et autres, suivant l'ordonnance

---

38 Formule de refus pour dire : « je ne ferai pas ce que vous demandez ».
39 Propre à nettoyer.
40 *Catholicon* : ce purgatif, simple ou double, composé de casse, de séné, de rhubarbe, de tamarin et autres simples, passait pour propre à guérir toutes les maladies, à purger toutes les humeurs, pour universel (*catholique*, en somme).
41 Les apothicaires utilisaient le miel en préparations composées et en faisaient du *rosat* avec des roses.
42 Un *julep* est une « potion douce et agréable » composée d'eaux distillées ou de légères décoctions ; Furetière ajoute qu'il « sert à préparer les humeurs peccantes ». Un *julep hépatique* est propre aux maladies de foie.
43 *Soporatif* : soporifique, somnifère.
44 *Corroborative* : qui donne de la force.
45 *Casse* : « Fruit qui vient des Indes, fait en forme d'un long bâton noir, dont la moelle sert à purger et à rafraîchir » (Furetière).
46 « Le vrai *séné* ne se trouve que dans les bois d'Éthiopie. Les nègres le vont ramasser et en portent de grands bateaux jusqu'au Caire [...]. Les

de Monsieur Purgon, pour expulser et évacuer la bile de Monsieur, quatre livres. » Ah! Monsieur Fleurant, c'est se moquer ; il faut vivre avec les malades. Monsieur Purgon ne vous a pas ordonné de mettre quatre francs. Mettez, mettez trois livres, s'il vous plaît. Vingt et trente sols[47]. « Plus, dudit jour, une potion anodine, et astringente[48], pour faire reposer Monsieur, trente sols. » Bon...dix et quinze sols[49]. « Plus, du vingt-sixième, un clystère carminatif[50], pour chasser les vents de Monsieur, trente sols. » Dix sols, Monsieur Fleurant. « Plus, le clystère de Monsieur réitéré le soir, comme dessus, trente sols. » Monsieur Fleurant, dix sols. « Plus du vingt-septième, une bonne médecine composée pour hâter d'aller[51], et chasser dehors les mauvaises humeurs de Monsieur, trois livres. » Bon, vingt et trente sols[52] ; je suis bien aise que vous soyez raisonnable. « Plus, du vingt-huitième, une prise de petit-lait clarifié, et dulcoré[53], pour adoucir, lénifier[54], tempérer, et rafraîchir le sang de Monsieur, vingt sols. » Bon, dix sols. « Plus, une potion cordiale et préservative, composée avec douze grains

---

médecins d'Europe l'emploient en toutes leurs purgations et tisanes » (Furetière).

47   Argan corrige encore la somme et ne retient que la moitié des trois livres, une livre et demi, soit 30 sols (la livre vaut 20 sols) ; et il porte un jeton dans la case des livres, puis un jeton dans celle des dix sous – ce qui fait bien au total 30 sols.

48   Une *potion anodine* résout les humeurs doucement et calme la douleur (Furetière) ; *astringente*, elle resserre et assèche les tissus.

49   Même réduction de la moitié (de 30 à 15 sols) et même manipulation des jetons dans le casier des 10 sous puis dans celui des 5 sous – 15 étant le total de l'opération.

50   « *Carminatif* se dit des remèdes qu'on applique aux coliques et autres maladies flatueuses pour dissiper les vents » (Furetière).

51   Hâter d'aller à la selle.

52   Autre réduction à une livre et demie, soit 30 sols, concrétisée par un jeton sur les livres et un jeton sur les dix sous.

53   Pour édulcoré.

54   Adoucir, apaiser.

de bézoard[55], sirops de limon[56] et grenade, et autres, suivant
l'ordonnance, cinq livres. » Ah! Monsieur Fleurant, tout doux,
s'il vous plaît; si vous en usez comme cela, on ne voudra plus
être malade; contentez-vous de quatre francs[57]. [137] Vingt et
quarante sols. Trois et deux font cinq, et cinq font dix, et dix
font vingt. Soixante et trois livres, quatre sols, six deniers. Si
bien donc, que de ce mois j'ai pris une, deux, trois, quatre,
cinq, six, sept et huit médecines; et un, deux, trois, quatre,
cinq, six, sept, huit, neuf, dix, onze, douze lavements[58]; et
l'autre mois il y avait douze médecines, et vingt lavements.
Je ne m'étonne pas, si je ne me porte pas si bien ce mois-ci
que l'autre. Je le dirai à Monsieur Purgon, afin qu'il mette
ordre à cela. Allons, qu'on m'ôte tout ceci. Il n'y a personne;
j'ai beau dire, on me laisse toujours seul; il n'a pas moyen de
les arrêter ici. (*Il sonne une sonnette pour faire venir ses gens.*) Ils
n'entendent point, et ma sonnette ne fait pas assez de bruit.
Drelin, drelin, drelin; point d'affaire. Drelin, drelin, drelin;
ils sont sourds. Toinette! Drelin, drelin, drelin. Tout comme si
je ne sonnais point. Chienne, coquine! Drelin, drelin, drelin;
j'enrage. (*Il ne sonne plus, mais il crie.*) Drelin, drelin, drelin.
Carogne, à tous les diables! Est-il possible qu'on laisse comme
cela un pauvre malade tout seul! Drelin, drelin, drelin; voilà
qui est pitoyable! Drelin, drelin, drelin. Ah! mon Dieu, ils
me laisseront ici mourir. Drelin, drelin, drelin.

---

55   La *potion* fortifiante (*cordiale*) et *préservatrice* est faite de grains de *bézoards* –
     concrétions calculeuses qu'on trouve dans l'estomac, les intestins ou les voies
     urinaires de divers quadrupèdes; cette pierre passait pour être un contrepoison.
56   De citron.
57   Rappelons que *livre* et *franc* sont synonymes. Argan déduit encore un
     cinquième du compte de Fleurant! Avant de se servir de l'arrangement
     de ses jetons pour calculer le total de ses dépenses pour l'apothicaire.
58   Une *médecine* est un remède; mais ce mot vieilli désigne en particulier
     un *lavement*. Ici, Argan distingue les deux réalités (potions diverses d'un
     côté, et clystères de l'autre).

TOINETTE, ARGAN

TOINETTE, *en entrant dans la chambre.*

On y va!

ARGAN

Ah! chienne! ah! carogne[59]!

TOINETTE, *faisant semblant de s'être cogné la tête.*

Diantre soit fait de votre impatience[60]! vous pressez si fort les personnes, que je me suis donné un grand coup de la tête contre la carne[61] d'un volet.

ARGAN, *en colère.*

Ah! traîtresse...!

TOINETTE, *pour l'interrompre et l'empêcher de crier,*
se plaint toujours, en disant :

Ha!

ARGAN

Il y a ...

TOINETTE

Ha!

ARGAN

Il y a une heure...

---

59   Le mot *carogne*, qui désigne à l'origine une femme débauchée, et devenue une injure de sens assez vague.

60   Que votre impatience aille au diable (*diantre* est un euphémisme pour *diable*).

61   *Carne* : angle saillant d'un objet.

TOINETTE

Ha !

ARGAN

Tu m'as laissé…

TOINETTE

Ha !

ARGAN   [139]

Tais-toi donc, coquine, que je te querelle.

TOINETTE

Çamon[62], ma foi ! j'en suis d'avis, après ce que je me
suis fait.

ARGAN

Tu m'as fait égosiller, carogne.

TOINETTE

Et vous m'avez fait, vous, casser la tête ; l'un vaut bien
l'autre. Quitte à quitte, si vous voulez.

ARGAN

Quoi ? coquine…

TOINETTE

Si vous querellez, je pleurerai.

ARGAN

Me laisser, traîtresse…

---

62 *Çamon* (c'est mon) est une interjection qui renforce une affirmation.

TOINETTE, *toujours pour l'interrompre.*

Ha !

ARGAN

Chienne, tu veux…

TOINETTE

Ha !

ARGAN

Quoi ? il faudra encore que je n'aie pas le plaisir de la quereller ?

TOINETTE

Querellez tout votre saoul, je le veux bien.

ARGAN

Tu m'en empêches, chienne, en m'interrompant à tous coups.

TOINETTE

Si vous avez le plaisir de quereller, il faut bien que de mon côté j'ai le plaisir de pleurer ; chacun le sien, ce n'est pas trop. Ha !

ARGAN   [M ij] [140]

Allons, il faut en passer par là. Ôte-moi ceci, coquine, ôte-moi ceci. (*Argan se lève de sa chaise.*) Mon lavement d'aujourd'hui a-t-il bien opéré ?

TOINETTE

Votre lavement ?

ARGAN

Oui. Ai-je bien fait de la bile ?

TOINETTE

Ma foi, je ne me mêle point de ces affaires-là ; c'est à Monsieur Fleurant à y mettre le nez, puisqu'il en a le profit.

ARGAN

Qu'on ait soin de me tenir un bouillon prêt, pour l'autre que je dois tantôt prendre.

TOINETTE

Ce Monsieur Fleurant-là, et ce Monsieur Purgon s'égaient[63] bien sur votre corps ; ils ont en vous une bonne vache à lait ; et je voudrais bien leur demander quel mal vous avez, pour vous faire tant de remèdes.

ARGAN

Taisez-vous, ignorante, ce n'est pas à vous à contrôler les ordonnances de la médecine. Qu'on me fasse venir ma fille Angélique, j'ai à lui dire quelque chose.

TOINETTE

La voici qui vient d'elle-même ; elle deviné votre pensée.

Scène 3   [141]
ANGÉLIQUE, TOINETTE, ARGAN

ARGAN

Approchez, Angélique, vous venez à propos ; je voulais vous parler.

---

63   *S'égayer* : se donner de l'exercice, s'occuper longuement de.

ANGÉLIQUE

Me voilà prête à vous ouïr.

ARGAN, *courant au bassin.*

Attendez. Donnez-moi mon bâton. Je vais revenir tout
l'heure[64].

TOINETTE, *en le raillant.*

Allez vite, Monsieur, allez. Monsieur Fleurant nous
donne des affaires[65].

Scène 4
ANGÉLIQUE, TOINETTE

ANGÉLIQUE, *la regardant d'un œil languissant,*
lui dit confidemment.

Toinette.

TOINETTE

Quoi ?

ANGÉLIQUE

Regarde-moi un peu.

TOINETTE   [M iij] [142]

Eh bien ! je vous regarde.

---

64   Tout de suite.
65   Le sens du mot *affaires* s'éclaire ici avec les expressions comme « aller à ses
     affaires » ou « faire ses affaires », qui signifient aller au cabinet d'aisance.
     Travaillé par ses remèdes et lavements, Argan est (et sera encore) subi-
     tement pris d'un flux de ventre et doit quitter précipitamment la scène
     pour courir satisfaire son besoin.

ANGÉLIQUE

Toinette.

TOINETTE

Eh bien ! quoi, « Toinette » ?

ANGÉLIQUE

Ne devines-tu point de quoi je veux parler ?

TOINETTE

Je m'en doute assez : de notre jeune amant ; car c'est
sur lui, depuis six jours, que roulent tous nos entretiens ;
et vous n'êtes point bien si vous n'en parlez à toute heure.

ANGÉLIQUE

Puisque tu connais cela, que n'es-tu donc la première
à m'en entretenir, et que ne m'épargnes-tu la peine de te
jeter sur ce discours ?

TOINETTE

Vous ne m'en donnez pas le temps, et vous avez des
soins là-dessus, qu'il est difficile de prévenir[66].

ANGÉLIQUE

Je t'avoue que je ne saurais me lasser de te parler de lui,
et que mon cœur profite avec chaleur de tous les moments
de s'ouvrir à toi. Mais dis-moi, condamnes-tu, Toinette, les
sentiments que j'ai pour lui ?

TOINETTE

Je n'ai garde.

---

66 Comprendre : comme vous me parlez tout le temps de cet amant, que
     vous vous arrangez (*vous avez des soins*) pour être la première à le faire,
     il est difficile que je puisse vous devancer (vous *prévenir*) sur ce sujet.

ANGÉLIQUE

Ai-je tort de m'abandonner à ces douces impressions ?

TOINETTE

Je ne dis pas cela.

ANGÉLIQUE

Et voudrais-tu que je fusse insensible aux tendres [143] protestations[67] de cette passion ardente qu'il témoigne pour moi ?

TOINETTE

À Dieu ne plaise !

ANGÉLIQUE

Dis-moi un peu, ne trouves-tu pas, comme moi, quelque chose du Ciel, quelque effet du destin, dans l'aventure inopinée de notre connaissance ?

TOINETTE

Oui.

ANGÉLIQUE

Ne trouves-tu pas que cette action d'embrasser ma défense sans me connaître est tout à fait d'un honnête homme ?

TOINETTE

Oui.

---

67   *Protestation* : « *Vieilli* ou *littéraire*, généralement *au pluriel*. [Toujours avec un complément] Témoignage, déclaration (souvent publique) que quelqu'un fait de ses sentiments, de ses intentions, de sa volonté ou de ce qu'il sait, le plus souvent favorables » (T.L.F.).

ANGÉLIQUE

Que l'on ne peut pas en user plus généreusement[68] ?

TOINETTE

D'accord.

ANGÉLIQUE

Et qu'il fît tout cela de la meilleure grâce du monde ?

TOINETTE

Oh ! oui.

ANGÉLIQUE

Ne trouves-tu pas, Toinette, qu'il est bien fait de sa personne ?

TOINETTE

Assurément.

ANGÉLIQUE

Qu'il a l'air le meilleur du monde ?

TOINETTE

Sans doute[69].

ANGÉLIQUE   [144]

Que ses discours, comme ses actions, ont quelque chose de noble ?

TOINETTE

Cela est sûr.

---

68 *Généreusement* : avec grandeur d'âme, vaillamment.
69 Certainement.

ANGÉLIQUE

Qu'on ne peut rien entendre de plus passionné que tout ce qu'il me dit ?

TOINETTE

Il est vrai.

ANGÉLIQUE

Et qu'il n'est rien de plus fâcheux que la contrainte où l'on me tient, qui bouche tout commerce aux doux empressements de cette mutuelle ardeur[70] que le Ciel nous inspire ?

TOINETTE

Vous avez raison.

ANGÉLIQUE

Mais, ma pauvre Toinette, crois-tu qu'il m'aime autant qu'il me le dit ?

TOINETTE

Eh, eh ! ces choses-là, parfois, sont un peu sujettes à caution. Les grimaces d'amour ressemblent fort à la vérité, et j'ai vu de grands comédiens là-dessus.

ANGÉLIQUE

Ah ! Toinette, que dis-tu là ? Hélas ! de la façon qu'il parle, serait-il bien possible qu'il ne me dît pas vrai ?

TOINETTE

En tout cas, vous en serez bientôt éclaircie ; et la résolution où il vous écrivit hier, qu'il était de vous faire demander

---

70 Comprendre : la contrainte où je suis ferme (*bouche*) toute possibilité de relation, de communication (de *commerce*) à notre mutuel et ardent amour.

en mariage, est une prompte voie à vous faire connaître s'il vous dit vrai, ou non. C'en sera là la bonne preuve.

ANGÉLIQUE   [145]

Ah ! Toinette, si celui-là me trompe, je ne croirai de ma vie aucun homme.

TOINETTE

Voilà votre père qui revient.

Scène 5

ARGAN, ANGÉLIQUE, TOINETTE

ARGAN *se met dans sa chaise.*

Ô çà[71], ma fille, je vais vous dire une nouvelle, où[72] peut-être ne vous attendez-vous pas. On vous demande en mariage. Qu'est-ce que cela ? vous riez. Cela est plaisant, oui, ce mot de mariage. Il n'y a rien de plus drôle pour les jeunes filles. Ah ! nature, nature ! À ce que je puis voir, ma fille, je n'ai que faire de vous demander si vous voulez bien vous marier.

ANGÉLIQUE

Je dois faire, mon père, tout ce qu'il vous plaira de m'ordonner.

ARGAN

Je suis bien aise d'avoir une fille si obéissante, la chose est donc conclue, et je vous ai promise.

---

71 L'interjection sert à entrer en matière. On attendrait plutôt la graphie *Oh ça !*
72 À laquelle.

ANGÉLIQUE

C'est à moi, mon père, de suivre aveuglément toutes vos volontés.

ARGAN

Ma femme, votre belle-mère, avait envie que je vous fisse religieuse, et[73] votre petite sœur [Tome VIII N] [146] Louison aussi ; et de tout temps elle a été aheurtée[74] à cela.

TOINETTE, *tout bas.*

La bonne bête[75] a ses raisons.

ARGAN

Elle ne voulait point consentir à ce mariage, mais je l'ai emporté, et ma parole est donnée.

ANGÉLIQUE

Ah ! mon père, que je vous suis obligée de toutes vos bontés.

TOINETTE

En vérité je vous sais bon gré de cela, et voilà l'action la plus sage que vous ayez faite de votre vie.

ARGAN

Je n'ai point encore vu la personne ; mais on m'a dit que j'en serais content, et toi aussi.

---

73   Que je vous fisse religieuses, vous et votre petite sœur Louison.
74   *Être aheurté*, ou *s'aheurter* : s'obstiner.
75   « On dit ironiquement qu'un homme est une *bonne bête*, une fausse bête pour dire qu'il est dangereux de s'attaquer à lui, qu'il est plus à craindre qu'on ne pense » (Furetière).

ANGÉLIQUE

Assurément, mon père.

ARGAN

Comment l'as-tu vu ?

ANGÉLIQUE

Puisque votre consentement m'autorise à vous pouvoir ouvrir mon cœur, je ne feindrai point de[76] vous dire, que le hasard nous a fait connaître[77] il y a six jours, et que la demande qu'on vous a faite est un effet de l'inclination, que dès cette première vue nous avons prise l'un pour l'autre.

ARGAN

Ils ne m'ont pas dit cela, mais j'en suis bien aise ; et c'est tant mieux que les choses soient de la sorte. Ils disent que c'est un grand jeune garçon bien fait.

ANGÉLIQUE

Oui, mon père.

ARGAN   [147]

De belle taille.

ANGÉLIQUE

Sans doute.

ARGAN

Agréable de sa personne.

ANGÉLIQUE

Assurément.

---

76 *Feindre de, feindre à* : hésiter à.
77 Nous a fait nous connaître.

ARGAN

De bonne physionomie.

ANGÉLIQUE

Très bonne.

ARGAN

Sage, et bien né[78].

ANGÉLIQUE

Tout à fait.

ARGAN

Fort honnête[79].

ANGÉLIQUE

Le plus honnête du monde.

ARGAN

Qui parle bien latin et grec.

ANGÉLIQUE

C'est ce que je ne sais pas.

ARGAN

Et qui sera reçu médecin dans trois jours.

ANGÉLIQUE

Lui, mon père ?

ARGAN

Oui. Est-ce qu'il ne te l'a pas dit ?

_____

78   *Bien né* : de noble origine.
79   *Honnête* : honorable, estimable.

ANGÉLIQUE

Non vraiment. Qui vous l'a dit à vous ?

ARGAN

Monsieur Purgon.

ANGÉLIQUE

Est-ce que Monsieur Purgon le connaît ?

ARGAN   [N ij] [148]

La belle demande ! il faut bien qu'il le connaisse, puisque c'est son neveu.

ANGÉLIQUE

Cléante, neveu de Monsieur Purgon ?

ARGAN

Quel Cléante ? Nous parlons de celui pour qui l'on t'a demandée en mariage.

ANGÉLIQUE

Hé, oui !

ARGAN

Eh bien ! c'est le neveu de Monsieur Purgon, qui est le fils de son beau-frère le médecin, Monsieur Diafoirus ; et ce fils s'appelle Thomas Diafoirus, et non pas Cléante ; et nous avons conclu ce mariage-là ce matin, Monsieur Purgon, Monsieur Fleurant et moi, et demain ce gendre prétendu[80] doit m'être amené par son père. Qu'est-ce ? vous voilà toute ébaubie[81] ?

---

80   Ce gendre futur (*prétendu*).
81   *Ébaubie* : frappée de surprise au point de ne pouvoir parler.

ANGÉLIQUE

C'est, mon père, que je connais que vous avez parlé d'une personne, et que j'ai entendu[82] une autre.

TOINETTE

Quoi ? Monsieur, vous auriez fait ce dessein burlesque ? Et avec tout le bien que vous avez, vous voudriez marier votre fille avec un médecin ?

ARGAN

Oui. De quoi te mêles-tu, coquine, impudente que tu es ?

TOINETTE

Mon Dieu ! tout doux ; vous allez d'abord aux invectives. Est-ce que nous ne pouvons pas raisonner ensemble sans nous emporter ? Là, parlons de sang-froid. Quelle est votre raison, s'il vous plaît, pour un tel mariage ?

ARGAN   [149]

Ma raison est que, me voyant infirme et malade comme je suis, je veux me faire un gendre et des alliés médecins, afin de m'appuyer de bons secours contre ma maladie, d'avoir dans ma famille les sources des remèdes qui me sont nécessaires, et d'être à même des[83] consultations, et des ordonnances.

TOINETTE

Eh bien ! voilà dire une raison, et il y a plaisir à se répondre doucement les uns aux autres. Mais, Monsieur, mettez la main à la conscience[84]. Est-ce que vous êtes malade ?

---

82 J'ai compris.
83 *À même de* : en état de jouir de, de bénéficier de.
84 *Mettre la main à la conscience* : s'examiner de bonne foi.

ARGAN

Comment, coquine, si je suis malade ? si je suis malade, impudente ?

TOINETTE

Eh bien ! oui, Monsieur, vous êtes malade, n'ayons point de querelle là-dessus. Oui, vous êtes fort malade, j'en demeure d'accord, et plus malade que vous ne pensez ; voilà qui est fait. Mais votre fille doit épouser un mari pour elle ; et, n'étant point malade, il n'est pas nécessaire de lui donner un médecin.

ARGAN

C'est pour moi que je lui donne ce médecin ; et une fille de bon naturel doit être ravie d'épouser ce qui est utile à la santé de son père.

TOINETTE

Ma foi ! Monsieur, voulez-vous qu'en amie je vous donne un conseil ?

ARGAN

Quel est-il ce conseil ?

TOINETTE

De ne point songer à ce mariage-là.

ARGAN   [N iij] [150]

Hé ! la raison ?

TOINETTE

La raison, c'est que votre fille n'y consentira point.

ARGAN

Elle n'y consentira point ?

TOINETTE

Non.

ARGAN

Ma fille ?

TOINETTE

Votre fille. Elle vous dira qu'elle n'a que faire de Monsieur Diafoirus, ni de son fils Thomas Diafoirus, ni de tous les Diafoirus du monde.

ARGAN

J'en ai affaire, moi, outre que le parti est plus avantageux qu'on ne pense. Monsieur Diafoirus n'a que ce fils-là pour tout héritier ; et de plus, Monsieur Purgon, qui n'a ni femme, ni enfants, lui donne tout son bien, en faveur de ce mariage ; et Monsieur Purgon est un homme qui a huit mille bonnes livres de rente.

TOINETTE

Il faut qu'il ait tué bien des gens, pour s'être fait si riche.

ARGAN

Huit mille livres de rente sont quelque chose, sans compter le bien du père.

TOINETTE

Monsieur, tout cela est bel et bon ; mais j'en reviens toujours là : je vous conseille, entre nous, de lui choisir un autre mari, et elle n'est point faite pour être Madame Diafoirus.

ARGAN

Et je veux, moi, que cela soit.

TOINETTE   [151]

Eh fi ! ne dites pas cela.

ARGAN

Comment, que je ne dise pas cela ?

TOINETTE

Hé non !

ARGAN

Et pourquoi ne le dirai-je pas ?

TOINETTE

On dira que vous ne songez pas à ce que vous dites.

ARGAN

On dira ce qu'on voudra, mais je vous dis que je veux qu'elle exécute la parole que j'ai donnée.

TOINETTE

Non, je suis sûre qu'elle ne le fera pas[85].

ARGAN

Je l'y forcerai bien.

TOINETTE

Elle ne le fera pas, vous dis-je.

---

85   À partir de cette réplique jusqu'à « je suis méchant quand je veux », Molière reprend presque textuellement le dialogue des *Fourberies de Scapin* (fin de I, 4) entre Argante et Scapin.

ARGAN

Elle le fera, ou je la mettrai dans un couvent.

TOINETTE

Vous ?

ARGAN

Moi.

TOINETTE

Bon.

ARGAN

Comment, « bon » ?

TOINETTE

Vous ne la mettrez point dans un couvent.

ARGAN

Je ne la mettrai point dans un couvent ?

TOINETTE

Non.

ARGAN   [N iiij] [152]

Non ?

TOINETTE

Non.

ARGAN

Ouais, voici qui est plaisant. Je ne mettrai pas ma fille
dans un couvent, si je veux ?

TOINETTE

Non, vous dis-je.

ARGAN

Qui m'en empêchera ?

TOINETTE

Vous-même.

ARGAN

Moi ?

TOINETTE

Oui. Vous n'aurez pas ce cœur-là.

ARGAN

Je l'aurai.

TOINETTE

Vous vous moquez.

ARGAN

Je ne me moque point.

TOINETTE

La tendresse paternelle vous prendra.

ARGAN

Elle ne me prendra point.

TOINETTE

Une petite larme, ou deux, des bras jetés au cou, un petit « Mon petit papa mignon », prononcé tendrement sera assez pour vous toucher.

ARGAN

Tout cela ne fera rien.

TOINETTE

Oui, oui.

ARGAN   [153]

Je vous dis que je n'en démordrai point.

TOINETTE

Bagatelles.

ARGAN

Il ne faut point dire « bagatelles ».

TOINETTE

Mon Dieu, je vous connais, vous êtes bon naturellement.

ARGAN, *avec emportement.*

Je ne suis point bon, et je suis méchant quand je veux.

TOINETTE

Doucement, Monsieur, vous ne songez pas que vous êtes malade.

ARGAN

Je lui commande absolument de se préparer à prendre le mari que je dis.

TOINETTE

Et moi, je lui défends absolument d'en faire rien[86].

---

86   C'est le *rien* positif (*rem* latin : quelque chose).

ARGAN

Où est-ce donc que nous sommes ? et quelle audace est-ce là à une coquine de servante, de parler de la sorte devant son maître ?

TOINETTE

Quand un maître ne songe pas à ce qu'il fait, une servante bien sensée est en droit de le redresser.

ARGAN *court après Toinette.*

Ah ! Insolente, il faut que je t'assomme.

TOINETTE *se sauve de lui.*

Il est de mon devoir de m'opposer aux choses qui vous peuvent déshonorer.

ARGAN, *en colère, court après elle autour de sa chaise, son bâton à la main.*

Viens, viens, que je t'apprenne à parler.

TOINETTE, *courant, et se sauvant du côté*   [154]
de la chaise où n'est pas Argan.

Je m'intéresse, comme je dois, à ne vous point laisser faire de folie.

ARGAN

Chienne !

TOINETTE

Non, je ne consentirai jamais à ce mariage.

ARGAN

Pendarde !

TOINETTE

Je ne veux point qu'elle épouse votre Thomas Diafoirus.

ARGAN

Carogne !

TOINETTE

Et elle m'obéira plutôt qu'à vous.

ARGAN

Angélique, tu ne veux pas m'arrêter cette coquine-là ?

ANGÉLIQUE

Eh ! mon père, ne vous faites point malade.

ARGAN

Si tu ne me l'arrêtes, je te donnerai ma malédiction.

TOINETTE

Et moi, je la déshériterai, si elle vous obéit.

ARGAN *se jette dans sa chaise,*
étant las de courir après elle.

Ah ! ah ! je n'en puis plus. Voilà pour me faire mourir.

Scène 6   [155]
BÉLINE, ANGÉLIQUE, TOINETTE[87], ARGAN

ARGAN

Ah ! ma femme, approchez.

---

87   Angélique et Toinette doivent très vite sortir ; Toinette sera d'ailleurs
     rappelée par Béline et reviendra alors sur la scène.

BÉLINE

Qu'avez-vous, mon pauvre mari ?

ARGAN

Venez-vous-en ici à mon secours.

BÉLINE

Qu'est-ce que c'est donc qu'il y a, mon petit fils ?

ARGAN

Mamie.

BÉLINE

Mon ami.

ARGAN

On vient de me mettre en colère.

BÉLINE

Hélas ! pauvre petit mari. Comment donc, mon ami ?

ARGAN

Votre coquine de Toinette est devenue plus insolente que jamais,

BÉLINE

Ne vous passionnez donc point.

ARGAN

Elle m'a fait enrager, mamie.

BÉLINE

Doucement, mon fils.

ARGAN   [156]

Elle a contrecarré une heure durant les choses que je
veux faire.

BÉLINE

Là, là, tout doux.

ARGAN

Et a eu l'effronterie de me dire que je ne suis point
malade.

BÉLINE

C'est une impertinente.

ARGAN

Vous savez, mon cœur, ce qui en est.

BÉLINE

Oui, mon, cœur, elle a tort.

ARGAN

Mamour, cette coquine-là me fera mourir.

BÉLINE

Eh là, eh là !

ARGAN

Elle est cause de toute la bile que je fais.

BÉLINE

Ne vous fâchez point tant.

ARGAN

Et il y a je ne sais combien[88] que je vous dis de me la chasser.

BÉLINE

Mon Dieu ! mon fils, il n'y a point de serviteurs, et de servantes qui n'aient leurs défauts. On est contraint parfois de souffrir leurs mauvaises qualités, à cause des bonnes. Celle-ci est adroite, soigneuse, diligente, et surtout fidèle[89] ; et vous savez qu'il faut maintenant de grandes précautions pour les gens que l'on prend. Holà ! Toinette.

TOINETTE

Madame.

BÉLINE   [157]

Pourquoi donc est-ce que vous mettez mon mari en colère ?

TOINETTE, *d'un ton doucereux.*

Moi, Madame, hélas ! je ne sais pas ce que vous me voulez dire, et je ne songe qu'à complaire à Monsieur en toutes choses.

ARGAN

Ah ! la traîtresse !

TOINETTE

Il nous a dit qu'il voulait donner sa fille en mariage au fils de Monsieur Diafoirus ; je lui ai répondu que je trouvais le parti avantageux pour elle ; mais que je croyais qu'il ferait mieux de la mettre dans un couvent.

---

88   Combien de temps.
89   *Fidèle* : probe, honnête.

BÉLINE

Il n'y a pas grand mal à cela, et je trouve qu'elle a raison.

ARGAN

Ah! mamour, vous la croyez; c'est une scélérate. Elle m'a dit cent insolences.

BÉLINE

Eh bien! je vous crois, mon ami. Là, remettez-vous. Écoutez, Toinette, si vous fâchez jamais mon mari, je vous mettrai dehors. Çà, donnez-moi son manteau fourré, et des oreillers, que je l'accommode dans sa chaise. Vous voilà je ne sais comment. Enfoncez bien votre bonnet jusque sur vos oreilles; il n'y a rien qui enrhume tant que de prendre l'air par les oreilles.

ARGAN

Ah! mamie, que je vous suis obligé de tous les soins que vous prenez de moi!

BÉLINE, *accommodant les oreillers*
qu'elle met autour d'Argan.

Levez-vous, que je mette ceci sous vous. Met[158]tons celui-ci pour vous appuyer, et celui-là de l'autre côté. Mettons celui-ci derrière votre dos, et cet autre-là pour soutenir votre tête.

TOINETTE, *lui mettant rudement un oreiller*
sur la tête, et puis fuyant.

Et celui-ci pour vous garder du serein[90].

---

90   *Serein* : humidité, fraîcheur du soir.

ARGAN *se lève en colère,*
et jette tous les oreillers à Toinette.
Ah ! coquine, tu veux m'étouffer.

BÉLINE

Eh là, eh là ! Qu'est-ce que c'est donc ?

ARGAN, *tout essoufflé se jette dans sa chaise.*
Ah, ah, ah ! je n'en puis plus.

BÉLINE

Pourquoi vous emporter ainsi ? Elle a cru faire bien.

ARGAN

Vous ne connaissez pas, mamour, la malice de la pendarde. Ah ! elle m'a mis tout hors de moi ; et il faudra plus
de huit médecines, et de douze lavements, pour réparer
tout ceci.

BÉLINE

Là, là, mon petit ami, apaisez-vous un peu.

ARGAN

Mamie, vous êtes toute ma consolation.

BÉLINE

Pauvre petit fils.

ARGAN

Pour tâcher de reconnaître l'amour que vous me portez, je
veux, mon cœur, comme je vous ai dit, faire mon testament.

BÉLINE

Ah! mon ami, ne parlons point de cela, je vous prie, je ne saurais souffrir cette pensée ; et le seul mot de testament me fait tressaillir de douleur.

ARGAN   [159]

Je vous avais dit de parler pour cela à votre notaire.

BÉLINE

Le voilà là-dedans, que j'ai amené avec moi.

ARGAN

Faites-le donc entrer, mamour.

BÉLINE

Hélas ! mon ami, quand on aime bien un mari, on n'est guère en état de songer à tout cela.

Scène 7
LE NOTAIRE, BÉLINE, ARGAN

Cette scène entière n'est point, dans les éditions précédentes, de la prose de Monsieur Molière ; la voici rétablie sur l'original de l'auteur[91].

ARGAN

Approchez, Monsieur de Bonnefoy, approchez. Prenez un siège, s'il vous plaît. Ma femme m'a dit, Monsieur, que vous étiez fort honnête homme, et tout à fait de ses amis ; et je l'ai chargée de vous parler, pour un testament que je veux faire.

---

91   Nous donnons en bas de page, entre deux filets, le texte de l'édition de 1675 rejeté par celle de 1682, qui est notre texte de base.

BÉLINE

Hélas ! je ne suis point capable de parler de ces choses-là.

LE NOTAIRE

Elle m'a, Monsieur, expliqué vos intentions, et [160] le dessein où vous êtes pour elle ; et j'ai à vous dire là-dessus que vous ne sauriez rien donner à votre femme par votre testament.

ARGAN

Mais pourquoi ?

Scène 7

MONSIEUR BONNEFOY, BÉLINE, ARGAN

ARGAN

Ah ! bonjour, Monsieur Bonnefoy. Je veux faire mon testament ; et pour cela dites-moi, s'il vous plaît, comment je dois faire pour donner tout mon bien à ma femme, et en frustrer mes enfants.

MONSIEUR BONNEFOY

Monsieur, vous ne pouvez rien donner à votre femme par votre testament.

ARGAN

Et par quelle raison ?

LE NOTAIRE

La coutume y résiste. Si vous étiez en pays de droit écrit, cela se pourrait faire ; mais à Paris, et dans les pays coutumiers[92], au moins dans la plupart, c'est ce qui ne se peut, et la disposition serait nulle. Tout l'avantage qu'homme et femme conjoints par mariage se peuvent faire l'un à l'autre, c'est un don mutuel entre vifs ; encore faut-il qu'il n'y ait enfants, soit des deux conjoints, ou de l'un d'eux, lors du décès du premier mourant.

ARGAN

Voilà une coutume bien impertinente[93], qu'un mari ne puisse rien laisser à une femme dont il est aimé tendrement, et qui prend de lui tant de soin. J'aurais envie de consulter mon avocat, pour voir comment je pourrais faire.

MONSIEUR BONNEFOY

Parce que la coutume y résiste ; cela serait bon partout ailleurs et dans le pays de droit écrit ; mais à Paris et dans les pays coutumiers, cela ne se peut. Tout avantage qu'homme et femme se peuvent faire réciproquement l'un à l'autre en faveur de mariage, n'est qu'un avantage indirect, et qu'un don mutuel entre vifs ; encore faut-il qu'il n'y ait point d'enfants d'eux ou de l'un d'iceux avant le décès du premier mourant.

ARGAN

Voilà une coutume bien impertinente, de dire qu'un mari ne puisse rien donner à une femme qui l'aime, et qui prend tant de soin de lui. J'ai envie de consulter mon avocat, pour voir ce qu'il y a à faire pour cela.

---

92 Il fallait en effet distinguer Paris et le nord de la France, pays de droit coutumier (bien qu'il soit en général de forme écrite), et le sud, qui se réglait sur le droit romain, écrit depuis toujours. Ce que dit Bonnefoy de la coutume de Paris concernant les donations entre époux est parfaitement exact.

93 *Impertinente* : absurde, ridicule.

LE NOTAIRE

Ce n'est point à des avocats qu'il faut aller, car ils sont
d'ordinaire sévères là-dessus, et s'imaginent que c'est un
grand crime, que de disposer en fraude de la loi. Ce sont
gens de difficultés, et qui sont ignorants des détours de
la conscience[94]. Il y a d'autres personnes à consulter, qui
sont bien plus accommodantes ; qui ont des expédients
pour passer doucement par-dessus la loi, et rendre juste
ce qui n'est pas permis ; qui savent aplanir les difficultés
d'une affaire, et trouver des moyens d'éluder la coutume
par quelque avantage indirect. Sans cela, où en serions-nous
tous les jours ? Il faut de la facilité dans les cho[161]ses,
autrement nous ne serions rien, et je ne donnerais pas un
sou de notre métier.

ARGAN

Ma femme m'avait bien dit, Monsieur, que vous étiez
fort habile, et fort honnête homme. Comment puis-je faire,
s'il vous plaît, pour lui donner mon bien, et en frustrer
mes enfants ?

MONSIEUR BONNEFOY

Ce n'est pas aux avocats à qui il faut s'adresser : ce sont gens fort
scrupuleux sur cette matière, qui ne savent pas disposer en fraude de
la loi, et qui sont ignorants des tours[95] de la conscience ; c'est notre
affaire à nous autres, et je suis venu à bout de bien plus grandes
difficultés. Il vous faut pour cela, auparavant que de mourir, donner
à votre femme tout votre argent comptant, et des billets payables au

---

94 Les *détours de la conscience* sont les moyens détournés pour satisfaire
    sa conscience, tout en faisant le mal, ce qui est interdit. Casuistique
    juridique ! Et Bonnefoy de trouver des moyens de tourner la loi et de
    permettre à Argan de donner le plus de son bien à Béline, en frustrant
    ses enfants.
95 Des *détours* de la conscience, dit 1682.

porteur, si vous en avez ; il vous faut, outre ce, contracter quantité de bonnes obligations sous-main[96] avec de vos intimes amis, qui, après votre mort, les remettront entre les mains de votre femme sans lui rien demander, qui prendra ensuite le soin de s'en faire payer.

ARGAN

Vraiment, Monsieur, ma femme m'avait bien dit que vous étiez un fort habile et fort honnête homme. J'ai, mon cœur, vingt mille francs dans le petit coffret de mon alcôve, en argent comptant, dont je vous donnerai la clé, et deux billets payables au porteur, l'un de six mille livres, et l'autre de quatre, qui me sont dues, le premier par Monsieur Damon, et l'autre par Monsieur Gérante, que je vous mettrai entre les mains.

---

96 Reconnaissances de dettes secrètes.

LE NOTAIRE

Comment vous pouvez faire ? Vous pouvez choisir
doucement un ami intime de votre femme, auquel vous
donnerez en bonne forme par votre testament tout ce que
vous pouvez[97] ; et cet ami ensuite lui rendra tout[98]. Vous
pouvez encore contracter un grand nombre d'obligations,
non suspectes, au profit de divers créanciers qui prêteront
leur nom à votre femme, et entre les mains de laquelle ils
mettront leur déclaration que ce qu'ils en ont fait n'a été
que pour lui faire plaisir[99]. Vous pouvez aussi, pendant
que vous êtes en vie, mettre entre ses mains de l'argent
comptant, ou des billets que vous pourrez avoir, payables
au porteur[100].

BÉLINE

Mon Dieu, il ne faut point vous tourmenter de tout
cela. S'il vient faute[101] de vous, mon fils, je ne veux plus
rester au monde.

ARGAN

Mamie.

---

97 Selon la coutume de Paris, Argan ne peut disposer que de la moitié de
    ses biens, le reste étant obligatoirement réservé à ses enfants.
98 Cela s'appelle en droit un *fidéicommis tacite* ; c'est « la disposition d'un
    bien qui est faite en faveur de quelqu'un avec intention qu'il le rende à
    un autre sans que toutefois cette intention soit exprimée » (*Dictionnaire*
    de l'Académie, 1694).
99 En somme, par le biais des *obligations* (« acte par lequel on s'oblige à payer
    dans un certain temps un somme d'argent empruntée », selon Furetière),
    Argan transformerait sa fortune en prêts qui seraient remboursés à Béline
    par les prête-noms.
100 Dernier détour pour favoriser Béline : lui donner directement la somme
    sous forme d'argent liquide ou de billets au porteur (billet qu'on doit
    payer au porteur, qui sera évidemment Béline).
101 S'il vient manque de vous, si vous venez à me manquer, à mourir.

BÉLINE

Oui, mon ami, si je suis assez malheureuse pour vous perdre…

ARGAN

Ma chère femme !

BÉLINE

La vie ne me sera plus de rien.

ARGAN   [Tome VIII. O] [162]

Mamour !

BÉLINE

Et je suivrai vos pas, pour vous faire connaître la tendresse que j'ai pour vous.

ARGAN

Mamie, vous me fendez le cœur. Consolez-vous, je vous en prie.

LE NOTAIRE

Ces larmes sont hors de saison, et les choses n'en sont point encore là.

BÉLINE

Ah ! Monsieur, vous ne savez pas ce que c'est qu'un mari qu'on aime tendrement.

ARGAN

Tout le regret que j'aurai, si je meurs, mamie, c'est de n'avoir point un enfant de vous. Monsieur Purgon m'avait dit qu'il m'en ferait faire un.

LE NOTAIRE

Cela pourra venir encore.

ARGAN

Il faut faire mon testament, mamour, de la façon que Monsieur dit ; mais par précaution je veux vous mettre entre les mains vingt mille francs en or, que j'ai dans le lambris de mon alcôve[102], et deux billets payables au porteur, qui me sont dus, l'un par Monsieur Damon, et l'autre par Monsieur Gérante.

BÉLINE

Non, non, je ne veux point de tout cela. Ah ! combien dites-vous qu'il y a dans votre alcôve ?

ARGAN

Vingt mille francs, mamour.

BÉLINE

Ne me parlez point de bien, je vous prie. Ah ! de combien sont les deux billets ?

BÉLINE, *feignant de pleurer.*

Ne me parlez point de cela, je vous prie, vous me faites mourir de frayeur... (*Elle se ravise et lui dit :*) Combien dites-vous qu'il y a d'argent comptant dans votre alcôve ?

ARGAN

Vingt mille francs, mon cœur.

BÉLINE

Tous les biens de ce monde ne me sont rien en comparaison de vous...De combien sont les deux billets ?

---

102 Le revêtement de menuiserie de son alcôve dissimule une cachette.

ARGAN

L'un de six, l'autre de quatre mille livres.

BÉLINE

Ah ! mon fils, la seule pensée de vous quitter me met au désespoir ; vous mort, je ne veux plus rester au monde : ah, ah !

MONSIEUR BONNEFOY

Pourquoi pleurer, Madame ? Les larmes sont hors de saison, et les choses, grâces à Dieu, n'en sont pas encore là.

BÉLINE

Ah ! Monsieur Bonnefoy, vous ne savez pas ce que c'est qu'être toujours[103] séparée d'un mari que l'on aime tendrement.

---

103 Pour toujours.

ARGAN   [163]

Ils sont, mamie, l'un de quatre mille francs, et l'autre
de six.

BÉLINE

Tous les biens du monde, mon ami, ne me sont rien,
au prix de vous.

LE NOTAIRE

Voulez-vous que nous procédions au testament ?

ARGAN

Oui, Monsieur ; mais nous serons mieux dans mon petit
cabinet. Mamour, conduisez-moi, je vous prie.

BÉLINE

Allons, mon pauvre petit fils.

ARGAN

Ce qui me fâche le plus, mamie, auparavant de mourir, c'est de
n'avoir point eu d'enfants de vous ; Monsieur Purgon m'avait promis
qu'il m'en ferait faire un.

MONSIEUR BONNEFOY

Voulez-vous que nous procédions au testament ?

ARGAN

Oui, mais nous serons mieux dans mon petit cabinet qui est ici
près ; allons-y, Monsieur, soutenez-moi, mamour.

BÉLINE

Allons, pauvre petit mari.

Scène 8
ANGÉLIQUE, TOINETTE

Cette scène entière n'est point, dans les éditions précédentes, de la prose de Monsieur Molière ; la voici rétablie sur l'original de l'auteur[104].

TOINETTE
Les voilà avec un notaire, et j'ai ouï parler de testament. Votre belle-mère ne s'endort point, et c'est sans doute quelque conspiration contre vos intérêts, où elle pousse votre père.

ANGÉLIQUE
Qu'il dispose de son bien à sa fantaisie, pourvu qu'il ne dispose point de mon cœur. Tu vois, Toinette, les desseins violents que l'on fait sur [O ij] [164] lui[105]. Ne m'abandonne point, je te prie, dans l'extrémité où je suis.

Scène 8
TOINETTE, ANGÉLIQUE

TOINETTE
Entrez, entrez, ils ne sont plus ici. J'ai une inquiétude prodigieuse : j'ai vu un notaire avec eux, et ai entendu parler de testament ; votre belle-mère ne s'endort point, et veut sans doute profiter de la colère où vous avez tantôt mis votre père ; elle aura pris ce temps pour nuire à vos intérêts.

ANGÉLIQUE
Qu'il dispose de tout mon bien en faveur de qui il lui plaira, pourvu qu'il ne dispose pas de mon cœur ; qu'il ne me contraigne point d'accepter pour époux celui dont il m'a parlé, je me soucie fort peu du reste, qu'il en fasse ce qu'il voudra.

---

104 Nous adoptons la même disposition que pour la scène précédente.
105 La violence qu'on projette de faire sur mon cœur.

TOINETTE

Moi, vous abandonner ? j'aimerais mieux mourir. Votre belle-mère a beau me faire sa confidente, et me vouloir jeter dans ses intérêts, je n'ai jamais pu avoir d'inclination pour elle, et j'ai toujours été de votre parti. Laissez-moi faire, j'emploierai toute chose pour vous servir ; mais pour vous servir avec plus d'effet, je veux changer de batterie, couvrir le zèle que j'ai pour vous, et feindre d'entrer dans les sentiments de votre père et de votre belle-mère.

ANGÉLIQUE

Tâche, je t'en conjure, de faire donner avis à Cléante du mariage qu'on a conclu.

TOINETTE

Votre belle-mère tâche par toutes sortes de promesses de m'attirer dans son parti ; mais elle a beau faire, elle n'y réussira jamais, et je me suis toujours trouvé de l'inclination à vous rendre service ; cependant comme il nous est nécessaire dans la conjoncture présente de savoir ce qui se passe, afin de mieux prendre nos mesures, et de mieux venir à bout de notre dessein, j'ai envie de lui faire croire par de feintes complaisances que je suis entièrement dans ses intérêts. L'envie qu'elle a que j'y sois ne manquera pas de la faire donner dans le panneau ; c'est un sûr moyen pour découvrir ses intrigues, et cela nous servira beaucoup.

ANGÉLIQUE

Mais comment faire pour rompre ce coup terrible dont je suis menacée ?

TOINETTE

Il faut en premier lieu avertir Cléante du dessein de votre père, et le charger de s'acquitter au plus tôt de la parole qu'il vous a donnée ; il n'y a point de temps à perdre, il faut qu'il se détermine.

ANGÉLIQUE

As-tu quelqu'un propre à faire ce message ?

TOINETTE

Je n'ai personne à employer à cet office, que le vieux usurier Polichinelle[106], mon amant, et il m'en coûtera pour cela quelques paroles de douceur, que veux bien dépenser pour vous. Pour aujourd'hui il est trop tard ; mais demain, du grand matin, je l'enverrai quérir, et il sera ravi de…

BÉLINE

Toinette.

TOINETTE

Voilà qu'on m'appelle. Bonsoir, reposez-vous sur moi.

TOINETTE

Il est assez difficile, et je ne trouve personne plus propre à s'en acquitter que le vieux usurier Polichinelle, mon amant[107] ; il m'en coûtera pour cela quelques faveurs, et quelques baisers que je veux bien dépenser pour vous. Allez, reposez-vous sur moi, dormez seulement en repos. Il est tard, je crains qu'on ait affaire de moi ; j'entends qu'on m'appelle, retirez-vous ; adieu, bonsoir, je vais songer à vous.

Fin du premier acte

Le théâtre change et représente une ville.

---

106 Ce type de second *zanni* de la *commedia dell'arte* – le *Pulcinella* napolitain – est ici curieusement introduit dans la comédie bourgeoise française, comme vieil usurier et vieil amant da la jeune servante Toinette. Cela lui fait une personnalité théâtrale bien différente de celle du Pulcinella napolitain ; et on ne sait quel costume lui donna Molière. Je rappelle que, dans le divertissement final de *Psyché* (1670), Molière avait introduit six Polichinelles comme personnages dansants de la suite de Momus – des danseurs stylisés, probablement – encore plus éloignés du masque de la *commedia dell'arte*. – Polichinelle est l'*amant* de Toinette, c'est-à-dire, seulement, qu'il a avoué son amour.

107 L'amant a déclaré ses sentiments amoureux.

PREMIER INTERMÈDE   [165]

Polichinelle, dans la nuit, vient pour donner une sérénade à sa
maîtresse. Il est interrompu d'abord par des violons, contre lesquels il se
met en colère, et ensuite par le guet, composé de musiciens et de danseurs.

POLICHINELLE

Ô amour, amour, amour, amour ! Pauvre Polichinelle,
quelle diable de fantaisie[108] t'es-tu allé mettre dans la
cervelle ? À quoi t'amuses-tu[109], misérable insensé que tu
es ? Tu quittes le soin de ton négoce, et tu laisses aller tes
affaires à l'abandon. Tu ne manges plus, tu ne bois presque
plus, tu perds le repos de la nuit ; et tout cela pour qui ?
Pour une dragonne, franche dragonne[110], une diablesse
qui te rembarre, et se moque de tout ce que tu peux lui
dire. Mais il n'y a point à raisonner là-dessus : tu le veux,
amour, il faut être fou comme beaucoup d'autres. Cela n'est
pas le mieux du monde à un homme de mon âge ; mais
qu'y faire ? On n'est pas sage quand on veut, et les vieilles
cervelles se démontent[111] comme les jeunes.

Je viens voir si je ne pourrai point adoucir ma tigresse
par une sérénade. Il n'y a rien parfois qui soit si touchant
qu'un amant qui vient chanter ses doléances aux gonds et
aux verrous de la porte de sa maîtresse[112]. Voici[113] de quoi

---

108 *Fantaisie* : imagination.

109 *S'amuser* : s'attarder, s'arrêter.

110 Ce féminin est un néologisme burlesque ; on dit d'ordinaire d'une femme
qu'elle est un *dragon de vertu*, d'une vertu farouche.

111 *Se démonter* : se déranger, se troubler.

112 Cela renvoie à un *topos* de la poésie amoureuse antique, grecque et
latine, par exemple chez Callimaque ou Ovide, qui exhale la plainte de
l'amoureux devant une porte qui refuse de s'ouvrir.

113 Il prend alors son luth.

accompagner ma voix. Ô nuit, ô chère nuit, porte mes plaintes amoureuses jusque dans le lit de mon inflexible.

Il chante ces paroles[114].   [O iij] [166]

Notte e dì v'amo e v'adoro,
Cerco un sì per mio ristoro;
Ma se voi dite di no,
Bell'ingrata, iso morirò.

---

114 Les couplets italiens qui suivent ne se trouvent pas dans le livret de 1673, mais seulement dans celui de 1674, où le premier intermède commence ainsi : « Un Seignor Pantalon, accompagné d'un Docteur et d'un Trivelin, vient donner une sérénade à sa maîtresse et chante ces paroles ». Point de Polichinelle alors, mais trois autres *tipi* célèbres de la *commedia dell'arte*, le vieux marchand Pantalon répondant bien à son personnage traditionnel comme amoureux ; ces couplets italiens sont repris dans l'édition de 1680. Nous les donnons donc, bien qu'ils n'aient pas paru dans les premiers spectacles du vivant de Molière. En voici la traduction : « POLICHINELLE : Nuit et jour je vous aime et vous adore, / Je demande un oui pour mon réconfort ; / Mais si vous dites un non, / Belle ingrate, je mourrai. // Au sein de l'espérance / le cœur s'afflige ; / Dans l'absence il consume les heures ; / Ah ! la douce illusion / qui me fait apercevoir / La fin prochaine de mon tourment / Dure trop longtemps. / Ainsi pour trop aimer je languis, et je meurs. // Nuit et jour je vous aime et vous adore, / Je demande un oui pour mon réconfort ; / Mais si vous dites un non, / Belle ingrate, je mourrai. // Si vous ne dormez pas, / Au moins pensez / Aux blessures / Que vous me faites au cœur. / Ah ! feignez au moins, / Pour ma consolation, / Si vous me faites périr, / De vous le reprocher : / Votre pitié diminuera mon martyre. // Nuit et jour je vous aime et vous adore, / Je demande un oui pour mon réconfort ; / Mais si vous dites un non, / Belle ingrate, je mourrai. // UNE VIEILLE : Petits galants [*Zerbino* est le nom d'un personnage de blondin de l'*Orlando furioso* ; d'où le diminutif *zerbinotto* / *zerbinetto*] qui à chaque instant avec des regards trompeurs, / Des désirs mensongers, / Des soupirs fallacieux, / Des serments [mot-à-mot : des accents] perfides, / Vous vantez d'être fidèles, / Ah ! vous ne me tromperez pas. / Je sais par expérience / Qu'on ne trouve en vous / Ni constance, ni foi. / Oh ! combien est folle celle qui vous croit ! // Ces regards languissants / Ne me rendent pas amoureuse, / Ces soupirs brûlants / Ne m'enflamment plus, / Je vous le jure sur ma foi. / Pauvre galant, / De vos plaintes / Mon cœur libre / Veut toujours rire, / Croyez-moi. / Je sais par expérience / Qu'on ne trouve en vous / Ni constance, ni foi. / Oh ! combien est folle celle qui vous croit ! ».

Fra la speranza
S'affligge il cuore,
In lontananza
Consuma l'ore;
Si dolce inganno
Che mi figura
Breve l'affina,
Ahi ! trope dura,
Così per tropp'amar languisco e muoro.

Notte e dì v'amo e v'adoro,
Cerco un sì per mio ristoro;
Ma se voi dite di no
Bell'ingrata io morirò.

Se non dormite,
Almen pensate
Allen ferite
Ch'al cuor mi fate;
Deh ! almen fingete,
Per mio conforto,
Se m'uccidete,
D'avéra il torto :
Votre pietà mi scemerà il martoro.

Notte e dì v'amo e v'adoro
Cerco un si per mio restoro,
Ma se voi dite di no
Bell'ingrata, io morirò.

[167] Une vielle se présente à la fenêtre, et répond au Seignor Polichinelle en se moquant de lui.

> *Zerbinetti, ch'ogn'hor con inti sguardi,*
>> *Mentiti desiri,*
>> *Allai soupira,*
>> *Accenti bugiardi,*
>> *Di fede vi pregiate,*
>> *Ah ! che non m'ingannate.*
>> *Che gia sò per prova*
>>> *Ch'in voi non si trova*
>>> *Constanza né fede.*
> *Oh ! quanto è jazza Cole che vi crede !*

>> *Quei sgardi languidi*
>> *Non m'innamorano,*
>> *Quei sospir fervidi*
>> *Piú non m'infiammano,*
>>> *Vel giuro a fé.*
>> *Zervions miserons,*
>> *Del vostro piangere*
>> *Il mio cor libero*
>> *Vuol semper ridere,*
>>> *Credet'a me.*
>> *Che già sò per prova,*
>> *Ch'in voi non si trova*
>> *Constanza né fede.*
> *Oh ! quanto è Pazzi colei che vi crede*[115] *!*

VIOLONS

---

[115] Ici se termine le premier intermède dans le livret de 1674, réduit aux couplets italiens. Et peut rependre la suite de l'intermède de 1673, avec les violons importuns, qui vont « dialoguer » avec Polichinelle. Il est à noter que les violons commencent un air unique qui est donné une fois en entier, à la suite, avant de se déployer en étant simplement entrecoupé par les répliques de Polichinelle.

POLICHINELLE

Quelle impertinente harmonie vient interrompre ici ma voix ?

VIOLONS   [168]

POLICHINELLE

Paix-là, taisez-vous, violons. Laissez-moi me plaindre à mon aise des cruautés de mon inexorable.

VIOLONS

POLICHINELLE

Taisez-vous, vous dis-je. C'est moi qui veux chanter.

VIOLONS

POLICHINELLE

Paix donc.

VIOLONS

POLICHINELLE

Ouais.

VIOLONS

POLICHINELLE

Ahi !

VIOLONS

POLICHINELLE

Est-ce pour rire ?

VIOLONS

POLICHINELLE

Ah ! que de bruit !

VIOLONS

POLICHINELLE

Le diable vous emporte.

VIOLONS

POLICHINELLE

J'enrage.

VIOLONS

POLICHINELLE

Vous ne vous tairez pas ? Ah ! Dieu soit loué !

VIOLONS

POLICHINELLE

Encore ?

VIOLONS   [169]

POLICHINELLE

Peste des violons !

VIOLONS

POLICHINELLE

La sotte musique que voilà !

VIOLONS

POLICHINELLE[116]

La, la, la, la, la, la.

VIOLONS

POLICHINELLE

La, la, la, la, la, la.

VIOLONS

POLICHINELLE

La, la, la, la, la, la, la, la.

VIOLONS

POLICHINELLE

La, la, la, la, la, la.

VIOLONS

POLICHINELLE

La, la, la, la, la, la.

VIOLONS

POLICHINELLE, *avec un luth, dont il ne joue que des lèvres et de la langue, en disant* PLIN, TAN, PLAN, *etc.*

Par ma foi ! cela me divertit. Poursuivez, Messieurs les violons, vous me ferez plaisir[117]. Allons donc, continuez. Je

---

116 Ne parvenant pas à faire taire les violons, Polichinelle les imite en chantant par raillerie.

117 Du coup, les violons cessent !

vous en prie. Voilà le moyen de les faire taire. La musique est accoutumée à ne point faire ce qu'on veut. Oh, sus! à nous[118]! Avant que de chanter, il faut que je prélude un peu, et joue quelque pièce, afin de mieux prendre mon ton. *Plan, plan, plan. Plin, plin, plin.* Voilà un temps fâcheux pour mettre un luth d'accord. *Plin, plin, plin. Plin, tan, plan. Plin, plin.* Les cordes ne tiennent point par ce temps-là. *Plin, plan.* J'entends du bruit, [Tome VIII. P] [170] mettons mon luth contre la porte.

ARCHERS, *passant dans la rue,*
accourent au bruit qu'ils entendent, et demandent :
Qui va là, qui va là ?

POLICHINELLE, *tout bas.*
Qui diable est-ce là ? Est-ce que c'est la mode de parler en musique[119]?

ARCHERS
Qui va là ? qui va là ?qui va là ?

POLICHINELLE, *épouvanté.*
Moi, moi, moi.

ARCHERS
Qui va là, qui va là? vous dis-je.

POLICHINELLE
Moi, moi, vous dis-je.

---

118 À moi de pouvoir jouer de mon luth et donner ma sérénade.
119 C'est certainement une pique à l'adresse de l'opéra, alors appelé « tragédie en musique », laquelle ne mettait pas en scène des archers triviaux !

ARCHERS
Et qui toi, et qui toi ?

POLICHINELLE
Moi, moi, moi, moi, moi, moi.

ARCHERS
Dis ton nom, dis ton nom, sans davantage attendre.

POLICHINELLE, *feignant d'être bien hardi.*
Mon nom est : « Va te faire pendre ».

ARCHERS
Ici, camarades, ici.
Saisissons l'insolent qui nous répond ainsi.

ENTRÉE DE BALLET
Tout le guet vient, qui cherche Polichinelle dans la nuit.

VIOLONS ET DANSEURS

POLICHINELLE
Qui va là ?

VIOLONS ET DANSEURS   [171]

POLICHINELLE
Qui sont les coquins que j'entends ?

VIOLONS ET DANSEURS

POLICHINELLE
Euh ?

VIOLONS ET DANSEURS

POLICHINELLE

Holà ! mes laquais, mes gens !

VIOLONS ET DANSEURS

POLICHINELLE

Par la mort !

VIOLONS ET DANSEURS

POLICHINELLE

Par la sang[120] !

VIOLONS ET DANSEURS

POLICHINELLE

J'en jetterai par terre.

VIOLONS ET DANSEURS

POLICHINELLE

Champagne, Poitevin, Picard, Basque, Breton[121] !

VIOLONS ET DANSEURS

POLICHINELLE

Donnez-moi mon mousqueton[122].

---

120 *Par la sang* résulte d'une abréviation de *palsambleu* ou *par la sangbleu* –
d'où le féminin de l'article.

121 Polichinelle, comme dans d'autres comédies, appelle une kyrielle de
serviteurs, qui sont simplement nommés du nom de leur région d'origine.

122 Cette arme à feu est plus courte que le fusil.

VIOLONS ET DANSEURS

POLICHINELLE *tire un coup de pistolet.*
Poue.

Ils tombent tous et s'enfuient.

POLICHINELLE, *en se moquant.*
Ah, ah, ah, ah! comme je leur ai donné l'épouvante! Voilà de sottes gens d'avoir peur de moi qui ai peur des autres. Ma foi! il n'est que de jouer d'adresse[123] en ce monde. Si je n'avais tranché du[124] grand seigneur, et n'avais fait le brave, ils n'auraient pas manqué de me happer. Ah, ah, ah!

Les Archers se rapprochent,
et ayant entendu ce qu'il disait,   [P ij] [172]
ils le saisissent au collet.

ARCHERS
Nous le tenons; à nous, camarades, à nous.
Dépêchez, de la lumière.

BALLET
Tout le guet vient avec des lanternes.

ARCHERS
Ah! traître, ah! fripon, c'est donc
vous?
Faquin, maraud, pendard, impudent, téméraire,
Insolent, effronté, coquin, filou, voleur,
Vous osez nous faire peur?

---

123 *Jouer d'adresse* : se montrer fin, rusé.
124 *Trancher de* : se donner des airs de.

POLICHINELLE

Messieurs, c'est que j'étais ivre.

ARCHERS

Non, non, non, point de raison ;
Il faut vous apprendre à vivre.
En prison, vite, en prison.

POLICHINELLE

Messieurs, je ne suis point voleur.

ARCHERS

En prison.

POLICHINELLE

Je suis un bourgeois de la ville.

ARCHERS

En prison.

POLICHINELLE

Qu'ai-je fait ?

ARCHERS

En prison vite, en prison.

POLICHINELLE

Messieurs, laissez-moi aller.

ARCHERS

Non.

POLICHINELLE

Je vous prie.

ARCHERS   [173]

Non.

POLICHINELLE

Eh !

ARCHERS

Non.

POLICHINELLE

De grâce.

ARCHERS

Non, non.

POLICHINELLE

Messieurs.

ARCHERS

Non, non, non.

POLICHINELLE

S'il vous plaît.

ARCHERS

Non, non.

POLICHINELLE

Par charité.

ARCHERS

Non, non.

POLICHINELLE

Au nom du Ciel !

ARCHERS

Non, non.

POLICHINELLE

Miséricorde !

ARCHERS

Non, non, non, point de raison.
Il faut vous apprendre à vivre,
En prison vite, en prison.

POLICHINELLE

Eh ! n'est-il rien, Messieurs, qui soit capable d'attendrir
vos âmes ?

ARCHERS   [P iij] [174]

Il est aisé de nous toucher,
Et nous sommes humains plus qu'on ne saurait croire ;
Donnez-nous doucement six pistoles pour boire,
          Nous allons vous lâcher.

POLICHINELLE

Hélas ! Messieurs, je vous assure que je n'ai pas un sol
sur moi.

ARCHERS

Au défaut de[125] *six pistoles,*
Choisissez donc sans façon
D'avoir trente croquignoles[126]*,*
Ou douze coups de bâton.

POLICHINELLE

Si c'est une nécessité, et qu'il faille en passer par là, je
choisis les croquignoles.

ARCHERS

Allons, préparez-vous,
Et comptez bien les coups.

BALLET

Les archers danseurs lui donnent des croquignoles en cadence.

POLICHINELLE

Un et deux. Trois et quatre. Cinq et six. Sept et huit.
Neuf et dix. Onze et douze, et treize, et quatorze et quinze.

ARCHERS

Ah ! ah ! Vous en voulez passer[127] *;*
Allons, c'est à recommencer.

---

125 Comme à défaut de. – Les commentateurs indiquent que ce jeu des
   archers qui proposent à leur victime, pour éviter la prison, de recevoir
   des coups et de payer une somme donnée, se trouvait dans le *Candelaio*
   de Giordano Bruno, traduit et publié à Paris en 1633, sous le titre de
   Boniface et le pédant.
126 *Croquignole* : chiquenaude donnée sur la tête ou sur le nez.
127 1734 saute le chiffre 13 – ce qui expliquerait la remontrance des Archers
   qui reprochent à Polichinelle de sauter un chiffre (de vouloir *passer* un
   chiffre) pour éviter une croquignole. Sinon, avec le texte de 1682, il faut
   imaginer que Polichinelle a voulu tricher et a compté double un coup !

POLICHINELLE

Ah ! Messieurs, ma pauvre tête n'en peut plus, [175]
et vous venez de me la rendre comme une pomme cuite.
J'aime mieux encore les coups de bâton que de recommencer.

ARCHERS

Soit, puisque le bâton est pour vous plus charmant,
Vous aurez contentement.

BALLET

Les archers danseurs lui donnent des coups de bâtons en
cadence.

POLICHINELLE

Un, deux, trois, quatre, cinq, six, ah ! ah ! ah ! je n'y
saurais plus résister. Tenez, Messieurs, voilà six pistoles
que je vous donne.

ARCHERS

Ah ! l'honnête homme ! ah ! l'âme noble et belle !
Adieu, Seigneur, adieu, Seigneur Polichinelle.

POLICHINELLE

Messieurs, je vous donne le bonsoir.

ARCHERS

Adieu, Seigneur, adieu, Seigneur Polichinelle.

POLICHINELLE

Votre serviteur.

ARCHERS

Adieu, Seigneur, adieu, Seigneur Polichinelle.

POLICHINELLE

Très humble valet.

ARCHERS

Adieu, Seigneur, adieu, Seigneur Polichinelle.

POLICHINELLE

Jusqu'au revoir.

BALLET   [P iiij] [176]

Ils dansent tous en réjouissance de l'argent qu'ils ont reçu.

Le théâtre change et représente encore une chambre.

ACTE II   [177]

Scène PREMIÈRE

TOINETTE, CLÉANTE

TOINETTE

Que demandez-vous, Monsieur ?

CLÉANTE

Ce que je demande ?

TOINETTE

Ah, ah ! c'est vous ? Quelle surprise ! Que venez-vous faire céans ?

CLÉANTE

Savoir ma destinée, parler à l'aimable[128] Angélique, consulter les sentiments de son cœur, et lui demander ses résolutions sur ce mariage fatal dont on m'a averti.

TOINETTE

Oui, mais on ne parle pas comme cela de but en blanc à Angélique ; il y faut des mystères[129], et l'on vous a dit l'étroite garde où elle est retenue, qu'on ne la laisse, ni sortir, ni parler à personne, et que ce ne fut que la curiosité d'une vieille tante qui nous fit accorder la liberté d'aller à cette comédie qui donna lieu à la naissance de votre passion ; et nous nous sommes bien gardées de parler de cette aventure.

CLÉANTE   [178]

Aussi ne viens-je pas ici comme Cléante et sous l'apparence de son amant, mais comme ami de son maître de musique, dont j'ai obtenu le pouvoir de dire qu'il m'envoie à sa place.

TOINETTE

Voici son père. Retirez-vous un peu, et me laissez lui dire que vous êtes là.

---

128 *Aimable* : digne d'être aimée.
129 *Mystères* : précautions, pratiques compliquées et quelque peu secrètes.

Scène 2
ARGAN, TOINETTE, CLÉANTE

ARGAN[130]

Monsieur Purgon m'a dit de me promener le matin dans ma chambre, douze allées, et douze venues ; mais j'ai oublié à[131] lui demander si c'est en long ou en large.

TOINETTE
Monsieur, voilà un...

ARGAN
Parle bas, pendarde ; tu viens m'ébranler tout le cerveau, et tu ne songes pas qu'il ne faut point parler si haut à des malades.

TOINETTE
Je voulais vous dire, Monsieur...

ARGAN
Parle bas, te dis-je.

TOINETTE
Monsieur...
>   (*Elle fait semblant de parler.*)

ARGAN
Eh ?

TOINETTE   [179]
Je vous dis que...
>   (*Elle fait semblant de parler.*)

---

130 Il se croit seul et ne voit pas d'abord Toinette.
131 J'ai oublié de (la construction avec *à* était usuelle).

ARGAN

Qu'est-ce que tu dis ?

TOINETTE, *haut.*

Je dis que voilà un homme qui veut parler à vous.

ARGAN

Qu'il vienne.
          (*Toinette fait signe à Cléante d'avancer.*)

CLÉANTE

Monsieur…

TOINETTE

Ne parlez pas si haut, de peur d'ébranler le cerveau de Monsieur.

CLÉANTE

Monsieur, je suis ravi de vous trouver debout, et de voir que vous vous portez mieux.

TOINETTE, *feignant d'être en colère.*

Comment « qu'il se porte mieux » ? Cela est faux, Monsieur se porte toujours mal.

CLÉANTE

J'ai ouï dire que Monsieur était mieux, et je lui trouve bon visage.

TOINETTE

Que voulez-vous dire avec votre bon visage ? Monsieur l'a fort mauvais, et ce sont des impertinents[132] qui vous ont dit qu'il était mieux. Il ne s'est jamais si mal porté.

---

132 Des gens qui parlent mal à propos.

ARGAN

Elle a raison.

TOINETTE

Il marche, dort, mange, et boit tout comme les autres ; mais cela n'empêche pas qu'il ne soit fort malade.

ARGAN   [180]

Cela est vrai.

CLÉANTE

Monsieur, j'en suis au désespoir. Je viens de la part du maître à chanter de Mademoiselle votre fille. Il s'est vu obligé d'aller à la campagne pour quelques jours ; et comme son ami intime, il m'envoie à sa place pour lui continuer ses leçons, de peur qu'en les interrompant elle ne vînt à oublier ce qu'elle sait déjà.

ARGAN

Fort bien. Appelez Angélique.

TOINETTE

Je crois, Monsieur, qu'il sera mieux de mener Monsieur à sa chambre.

ARGAN

Non, faites-la venir.

TOINETTE

Il ne pourra lui donner leçon, comme il faut, s'ils ne sont en particulier.

ARGAN

Si fait, si fait.

TOINETTE

Monsieur, cela ne fera que vous étourdir, et il ne faut rien pour vous émouvoir[133] en l'état où vous êtes, et vous ébranler le cerveau.

ARGAN

Point, point ; j'aime la musique, et je serai bien aise de… Ah ! la voici. Allez-vous-en voir, vous[134], si ma femme est habillée.

Scène 3   [181]
ARGAN, ANGÉLIQUE, CLÉANTE

ARGAN

Venez, ma fille ; votre maître de musique est allé aux champs, et voilà une personne qu'il envoie à sa place pour vous montrer[135].

ANGÉLIQUE

Ah, Ciel !

ARGAN

Qu'est-ce ? D'où vient cette surprise ?

ANGÉLIQUE

C'est…

ARGAN

Quoi ? qui vous émeut de la sorte ?

---

133 *Émouvoir* : troubler, ébranler.
134 Il s'adresse toujours à Toinette, après avoir constaté l'entrée d'Angélique et s'être tourné vers elle.
135 *Montrer* : donner des leçons, enseigner.

ANGÉLIQUE

C'est, mon père, une aventure surprenante qui se rencontre ici.

ARGAN

Comment ?

ANGÉLIQUE

J'ai songé cette nuit que j'étais dans le plus grand embarras du monde, et qu'une personne faite tout comme Monsieur s'est présentée à moi, à qui j'ai demandé secours, et qui m'est venue tirer de la peine où j'étais ; et ma surprise a été grande de voir inopinément, en arrivant ici, ce que j'ai eu dans l'idée toute la nuit.

CLÉANTE

Ce n'est pas être malheureux que d'occuper votre pensée, soit en dormant, soit en veillant[136] ; et [182] mon bonheur serait grand sans doute, si vous étiez dans quelque peine, dont vous me jugeassiez digne de vous tirer ; et il n'y a rien que je ne fisse pour…

Scène 4

TOINETTE, CLÉANTE, ANGÉLIQUE, ARGAN

TOINETTE, *par dérision.*

Ma foi, Monsieur, je suis pour vous maintenant, et je me dédis de tout ce que je disais hier. Voici Monsieur Diafoirus le père, et Monsieur Diafoirus le fils, qui viennent vous rendre visite. Que vous serez bien engendré[137] ! vous allez

---

136 Quand vous dormez ou quand vous veillez.
137 *Engendrer* est une création plaisante : pourvoir d'un gendre.

voir le garçon le mieux fait du monde, et le plus spirituel.
Il n'a dit que deux mots, qui m'ont ravie, et votre fille va
être charmée de lui[138].

ARGAN, *à Cléante,*
qui feint de vouloir s'en aller.

Ne vous en allez point, Monsieur. C'est que je marie
ma fille ; et voilà qu'on lui amène son prétendu mari[139],
qu'elle n'a point encore vu.

CLÉANTE

C'est m'honorer beaucoup, Monsieur, de vouloir que je
sois témoin d'une entrevue si agréable.

ARGAN

C'est le fils d'un habile[140] médecin, et le mariage se fera
dans quatre jours.

CLÉANTE   [183]

Fort bien.

ARGAN

Mandez[141]-le un peu à son maître de musique, afin qu'il
se trouve à la noce.

CLÉANTE

Je n'y manquerai pas.

ARGAN

Je vous y prie aussi

---

138 Comme ensorcelée (sens forme de *charmer*) par lui.
139 Son futur mari.
140 *Habile* : compétent.
141 *Mander* : faire savoir, annoncer.

CLÉANTE

Vous me faites beaucoup d'honneur.

TOINETTE

Allons, qu'on se range, les voici.

Scène 5

MONSIEUR DIAFOIRUS, THOMAS DIAFOIRUS,
ARGAN, ANGÉLIQUE, CLÉANTE, TOINETTE

ARGAN, *mettant la main à son bonnet*[142] *sans l'ôter.*

Monsieur Purgon, Monsieur, m'a défendu de découvrir ma tête. Vous êtes du métier, vous savez les conséquences.

MONSIEUR DIAFOIRUS

Nous sommes dans toutes nos visites pour porter secours aux malades, et non pour leur porter de l'incommodité.

ARGAN

Je reçois, Monsieur...
                (*Ils parlent tous deux en même temps,*
                s'interrompent et confondent[143].)

MONSIEUR DIAFOIRUS   [184]

Nous venons ici, Monsieur...

ARGAN

Avec beaucoup de joie....

---

142 Argan continue de porter son bonnet de nuit.
143 Les deux discours s'embrouillent l'un l'autre (*se confondent*). Il faut en effet lire une réplique sur deux pour rétablir le propos de bienvenue d'Argan et les salutations de Diafoirus le père.

MONSIEUR DIAFOIRUS

Mon fils Thomas et moi...

ARGAN

L'honneur que vous me faites...

MONSIEUR DIAFOIRUS

Vous témoigner, Monsieur...

ARGAN

Et j'aurais souhaité...

MONSIEUR DIAFOIRUS

Le ravissement où nous sommes...

ARGAN

De pouvoir aller chez vous...

MONSIEUR DIAFOIRUS

De la grâce que vous nous faites...

ARGAN

Pour vous en assurer.

MONSIEUR DIAFOIRUS

De vouloir bien nous recevoir...

ARGAN

Mais vous savez, Monsieur...

MONSIEUR DIAFOIRUS

Dans l'honneur, Monsieur...

ARGAN

Ce que c'est qu'un pauvre malade...

MONSIEUR DIAFOIRUS

De votre alliance…

ARGAN

Qui ne peut faire autre chose…

MONSIEUR DIAFOIRUS

Et vous assurer…

ARGAN

Que de vous dire ici…

MONSIEUR DIAFOIRUS   [185]

Que dans les choses qui dépendront de notre métier…

ARGAN

Qu'il cherchera toutes les occasions…

MONSIEUR DIAFOIRUS

De même qu'en toute autre…

ARGAN

De vous faire connaître, Monsieur…

MONSIEUR DIAFOIRUS

Nous serons toujours prêts, Monsieur…

ARGAN

Qu'il est tout à votre service.

MONSIEUR DIAFOIRUS

À vous témoigner notre zèle. (*Il se retourne vers son fils, et lui dit* :) Allons, Thomas, avancez. Faites vos compliments[144].

---

144 Petit discours adressé à une personne de marque, dit Furetière.

THOMAS DIAFOIRUS *est un grand benêt*
nouvellement sorti des écoles, qui fait toutes choses
de mauvaise grâce, et à contretemps.
N'est-ce pas par le père qu'il convient commencer ?

MONSIEUR DIAFOIRUS
Oui.

THOMAS DIAFOIRUS
Monsieur, je viens saluer, reconnaître, chérir, et révérer
en vous un second père ; mais un second père, auquel j'ose
dire que je me trouve plus redevable qu'au premier. Le
premier m'a engendré ; mais vous m'avez choisi. Il m'a
reçu par nécessité ; mais vous m'avez accepté par grâce.
Ce que je tiens de lui est un ouvrage de son corps ; mais
ce que je tiens de vous est un ouvrage de votre volonté[145] ;
et d'autant plus que les facultés spirituelles sont au-dessus
des corporelles, [Tome VIII. Q] [186] d'autant plus je vous
dois, et d'autant plus je tiens précieuse cette future filiation,
dont je viens aujourd'hui vous rendre par avance les très
humbles et très respectueux hommages.

TOINETTE
Vivent les collèges, d'où l'on sort si habile[146] homme !

THOMAS DIAFOIRUS
Cela a-t-il bien été, mon père ?

MONSIEUR DIAFOIRUS
Optime[147].

---

145 Au collège, Thomas a dû lire un passage de Cicéron, *Ad Quirites post*
reditum, où s'adressant au Sénat, il dit devoir plus aux sénateurs, qui
l'ont fait consulaire, qu'à ses parents qui lui ont donné la vie.
146 *Habile* au sens (vieillissant au XVIIe siècle) de sensé, cultivé, intelligent.
147 Très bien.

ARGAN, *à Angélique.*
Allons, saluez Monsieur.

THOMAS DIAFOIRUS
Baiserai-je[148] ?

MONSIEUR DIAFOIRUS
Oui, oui.

THOMAS DIAFOIRUS, *à Angélique.*
Madame, c'est avec justice que le Ciel vous a concédé
le nom de belle-mère, puisque l'on…

ARGAN
Ce n'est pas ma femme, c'est ma fille à qui vous parlez.

THOMAS DIAFOIRUS
Où donc est-elle ?

ARGAN
Elle va venir.

THOMAS DIAFOIRUS
Attendrai-je, mon père, qu'elle soit venue ?

MONSIEUR DIAFOIRUS
Faites toujours le compliment de Mademoiselle.

THOMAS DIAFOIRUS
Mademoiselle, ne plus ne moins[149] que la statue de
Memnon rendait un son harmonieux, lors[187]qu'elle venait

---

148 *Baiser,* c'est donner un baiser (sur la main, sur la joue, sur les lèvres ?
C'est selon l'appétit du jeune rustaud).
149 *Ne plus ne moins* pour « ni plus ni moins » est un emploi blâmé par
Malherbe et limité au style familier ou burlesque.

à être éclairée des rayons du soleil[150], tout de même me sens-
je animé d'un doux transport[151] à l'apparition du soleil de
vos beautés. Et comme les naturalistes remarquent que la
fleur nommée héliotrope[152] tourne sans cesse vers cet astre du
jour, aussi mon cœur dores-en-avant[153] tournera-t-il toujours
vers les astres resplendissants de vos yeux adorables, ainsi
que vers son pôle unique. Souffrez donc, Mademoiselle, que
j'appende[154] aujourd'hui à l'autel de vos charmes l'offrande
de ce cœur, qui ne respire et n'ambitionne autre gloire que
d'être toute sa vie, Mademoiselle, votre très humble, très
obéissant et très fidèle serviteur, et mari.

TOINETTE, en le raillant.

Voilà ce que c'est que d'étudier, on apprend à dire de
belles choses.

ARGAN

Eh ! que dites-vous de cela[155] ?

CLÉANTE

Que Monsieur fait merveilles, et que s'il est aussi bon
médecin qu'il est bon orateur, il y aura plaisir à être de
ses malades.

---

150 À Thèbes, en Égypte, la pierre de la haute statue de Memnon, échauffée
       par le soleil qui se levait, rendait un son musical. La comparaison dans
       le domaine amoureux était éculée.

151 D'un doux mouvement d'amour, de désir.

152 On sait que cette fleur se tourne vers le soleil.

153 Le jeune pédant se devait, au lieu d'employer la forme courante « doré-
       navant », de remonter à son étymologie : de ores en avant, au départ, puis
       dores en avant, etc.

154 Appendre : suspendre selon les rites ; consacrer, offrir en hommage.

155 La question est posée à Cléante.

TOINETTE

Assurément. Ce sera quelque chose d'admirable, s'il fait d'aussi belles cures[156] qu'il fait de beaux discours.

ARGAN

Allons vite, ma chaise, et des sièges à tout le monde. Mettez-vous là, ma fille. Vous voyez, Monsieur, que tout le monde admire Monsieur votre fils, et je vous trouve bien heureux de vous voir un garçon comme cela.

MONSIEUR DIAFOIRUS

Monsieur, ce n'est pas parce que je suis son père, mais je puis dire que j'ai sujet d'être content de [Q ij] [188] lui, et que tous ceux qui le voient en parlent comme d'un garçon qui n'a point de méchanceté. Il n'a jamais eu l'imagination bien vive, ni ce feu d'esprit qu'on remarque dans quelques-uns ; mais c'est par là que j'ai toujours bien auguré de sa judiciaire[157], qualité requise pour l'exercice de notre art. Lorsqu'il était petit, il n'a jamais été ce qu'on appelle mièvre[158] et éveillé. On le voyait toujours doux, paisible, et taciturne, ne disant jamais mot, et ne jouant jamais à tous ces petits jeux que l'on nomme enfantins. On eut toutes les peines du monde à lui apprendre à lire, et il avait neuf ans qu'il ne connaissait pas[159] encore ses lettres. « Bon, disais-je en moi-même ; les arbres tardifs sont ceux qui portent les meilleurs fruits. On grave sur le marbre bien plus malaisément que sur le sable ; mais les choses y sont conservées bien plus longtemps, et cette

---

156 Soins médicaux qui doivent mener à la guérison.
157 *Judiciaire* : « Puissance de l'âme qui a le discernement, la faculté de juger » (Furetière).
158 *Mièvre* : « Terme populaire qui se dit des enfants éveillés ou emportés qui font toujours quelque niche ou quelque malice aux autres ».
159 Sans qu'il connût.

lenteur à comprendre, cette pesanteur d'imagination, est la marque d'un bon jugement à venir. » Lorsque je l'envoyai au collège il trouva de la peine ; mais il se roidissait contre les difficultés, et ses régents se louaient toujours à moi de son assiduité, et de son travail. Enfin, à force de battre le fer[160], il en est venu glorieusement à avoir ses licences[161] ; et je puis dire sans vanité que depuis deux ans qu'il est sur les bancs, il n'y a point de candidat qui ait fait plus de bruit que lui dans toutes les disputes de notre école[162]. Il s'y est rendu redoutable, et il ne s'y passe point d'acte où il n'aille argumenter à outrance pour la proposition contraire. Il est ferme dans la dispute, fort comme un Turc sur ses principes, ne démord jamais de son opinion, et poursuit un raisonnement jusque dans les derniers recoins de la logique. Mais sur toute chose, ce qui me plaît en lui, et [189] en quoi il suit mon exemple, c'est qu'il s'attache aveuglement aux opinions de nos anciens, et que jamais il n'a voulu comprendre ni écouter les raisons et les expériences des prétendues découvertes de notre siècle, touchant la circulation du sang, et autres opinions de même farine[163].

---

160 Métaphore emprunté à l'escrime (*battre le fer*, c'est s'exercer aux armes) pour dire qu'on s'est longtemps exercé à tel art ou à telle profession.

161 *Les lettres de licence* délivrent un grade universitaire, le licencié étant supérieur au bachelier et inférieur au docteur. Avant d'obtenir ses licences, le bachelier devait assister (*sur les bancs*) aux leçons, examens (sous forme de disputes orales) et soutenances de thèse (où les autres étudiants avaient – et ont toujours ! – la possibilité d'intervenir).

162 La Faculté de médecine de Paris.

163 De même sorte. L'expression est péjorative ; en effet le conservateur et rétrograde Diafoirus n'admet pas la circulation du sang, découverte pourtant par Harvey en 1619. Deux ans avant *Le Malade imaginaire*, Boileau raillait, dans son *Arrêt burlesque*, les anticirculationistes qui peuplaient encore l'école de médecine.

THOMAS DIAFOIRUS

(*Il tire une grande thèse*[164] *roulée de sa poche,*
qu'il présente à Angélique.)

J'ai contre les circulateurs soutenu une thèse, qu'avec la permission de Monsieur[165], j'ose présenter à Mademoiselle, comme un hommage que je lui dois des prémices de mon esprit.

ANGÉLIQUE

Monsieur, c'est pour moi un meuble inutile[166], et je ne me connais pas à ces choses-là.

TOINETTE

Donnez, donnez, elle est toujours bonne à prendre pour l'image ; cela servira à parer notre chambre.

THOMAS DIAFOIRUS

Avec la permission aussi de Monsieur, je vous invite à venir voir l'un de ces jours, pour vous divertir, la dissection d'une femme, sur quoi je dois raisonner.

TOINETTE

Le divertissement sera agréable. Il y en a qui donnent la comédie à leurs maîtresses, mais donner une dissection est quelque chose de plus galant.

---

164 Ce que Thomas sort de sa poche, c'est une sorte d'affiche, un placard où étaient annoncées les questions soumises à discussion et dont on pouvait distribuer des exemplaires. En 1643, Naudé (*Advis pour dresser une bibliothèque*, p. 96) donne cette définition du mot : « grande feuille (de papier, de parchemin), souvent richement décorée, où sont imprimées les propositions d'une thèse » ; en 1680, Richelet fournit la définition large de l'acte annoncé dans l'affiche : « exposé public et discussion d'un ensemble de travaux devant un jury universitaire ».

165 Salutation à Argan.

166 *Meuble inutile* : chose sans intérêt, qui embarrasse.

MONSIEUR DIAFOIRUS

Au reste, pour ce qui est des qualités requises pour le mariage et la propagation, je vous assure que, selon les règles de nos docteurs, il est tel qu'on le peut souhaiter, qu'il possède en un degré louable la vertu prolifique[167], et qu'il est du tem[Q iij] [190]pérament qu'il faut pour engendrer et procréer des enfants bien conditionnés[168].

ARGAN

N'est-ce pas votre intention, Monsieur, de le pousser à la cour, et d'y ménager pour lui une charge de médecin ?

MONSIEUR DIAFOIRUS

À vous en parler franchement, notre métier auprès des grands ne m'a jamais paru agréable, et j'ai toujours trouvé, qu'il valait mieux, pour nous autres, demeurer au public. Le public est commode. Vous n'avez à répondre de vos actions à personne ; et pourvu que l'on suive le courant des règles de l'art, on ne se met point en peine de tout ce qui peut arriver. Mais ce qu'il y a de fâcheux auprès des grands, c'est que, quand ils viennent à être malades, ils veulent absolument que leurs médecins les guérissent.

TOINETTE

Cela est plaisant, et ils sont bien impertinents de vouloir que vous autres Messieurs vous les guérissiez ; vous n'êtes point auprès d'eux pour cela ; vous n'y êtes que pour recevoir vos pensions[169], et leur ordonner des remèdes ; c'est à eux à guérir s'ils peuvent.

---

167 La *vertu prolifique* est celle qui favorise la fécondité, qui augmente les forces génératrices.
168 *Conditionné* : pourvu des qualités requises.
169 Au service d'un grand, le médecin recevait une *pension* annuelle, à charge pour lui de s'occuper de sa santé.

MONSIEUR DIAFOIRUS

Cela est vrai. On n'est obligé qu'à traiter les gens dans les formes[170].

ARGAN, *à Cléante.*

Monsieur, faites un peu chanter ma fille devant la compagnie.

CLÉANTE

J'attendais vos ordres, Monsieur ; et il m'est venu en pensée, pour divertir la compagnie, de chanter avec Mademoiselle, une scène d'un petit [191] opéra qu'on a fait depuis peu. Tenez, voilà votre partie.

ANGÉLIQUE

Moi ?

CLÉANTE[171]

Ne vous défendez point, s'il vous plaît, et me laissez vous faire comprendre ce que c'est que la scène que nous devons chanter. Je n'ai pas une voix à chanter[172] ; mais ici il suffit que je me fasse entendre, et l'on aura la bonté de m'excuser par la nécessité où je me trouve de faire chanter Mademoiselle.

ARGAN

Les vers en sont-ils beaux ?

---

170 *Cf. L'Amour Médecin* II, 5, où Macroton prévient Sganarelle que, si sa fille meurt, il aura au moins la consolation « qu'elle sera morte dans les formes » !

171 Bas, à Angélique.

172 Il parle désormais à haute voix, pour toute la compagnie.

CLÉANTE

C'est proprement un petit opéra impromptu, et vous n'allez entendre chanter que de la prose cadencée, ou des manières de vers libres[173], tels que la passion et la nécessité peuvent faire trouver à deux personnes, qui disent les choses d'eux-mêmes[174], et parlent sur le champ.

ARGAN

Fort bien. écoutons.

CLÉANTE, *sous le nom d'un Berger, explique à sa maîtresse son amour depuis leur rencontre, et ensuite ils s'appliquent leurs pensées l'un à l'autre en chantant*[175].

Voici le sujet de la scène. Un Berger était attentif aux beautés d'un spectacle, qui ne faisait que de commencer, lorsqu'il fut tiré de son attention par un bruit qu'il entendit à ses côtés. Il se retourne, et voit un brutal, qui de paroles insolentes maltraitait une Bergère. D'abord[176] il prend les intérêts d'un sexe à qui tous les hommes doivent hommage ; et après avoir donné au brutal le châtiment de son insolence, il vient à [192] la Bergère, et voit une jeune personne qui, des deux plus beaux yeux qu'il eût jamais vus, versait des larmes, qu'il trouva les plus belles du monde. « Hélas ! dit-il en lui-même, est-on capable d'outrager une personne si aimable ? Et quel inhumain, quel barbare ne serait touché par de telles larmes ? » Il prend soin de les arrêter, ces larmes, qu'il trouve si belles ; et l'aimable Bergère prend

---

173 De fait, les vers mêlés ne satisfont pas toujours aux rimes régulières, et le chant peut devenir simple prose cadencée.

174 Employé comme nom, *personne* pouvait être représenté par un pronom masculin.

175 Effectivement, les acteurs, La Grange et Mlle Molière à la création, chantaient eux-mêmes la partie musicale de ce petit opéra impromptu.

176 Aussitôt.

soin en même temps de le remercier de son léger service, mais d'une manière si charmante[177], si tendre, et si passionnée, que le Berger n'y peut résister ; et chaque mot, chaque regard, est un trait[178] plein de flamme, dont son cœur se sent pénétré. « Est-il, disait-il, quelque chose qui puisse mériter les aimables paroles d'un tel remerciement ? Et que ne voudrait-on pas faire, à quels services[179], à quels dangers, ne serait-on pas ravi de courir, pour s'attirer un seul moment des touchantes douceurs d'une âme si reconnaissante ? » Tout le spectacle passe sans qu'il y donne aucune attention ; mais il se plaint qu'il est trop court, parce qu'en finissant il le sépare de son adorable Bergère ; et de[180] cette première vue, de ce premier moment, il emporte chez lui tout ce qu'un amour de plusieurs années peut avoir de plus violent. Le voilà aussitôt à sentir tous les maux de l'absence, et il est tourmenté de ne plus voir ce qu'il a si peu vu. Il fait tout ce qu'il peut pour se redonner cette vue, dont il conserve, nuit et jour, une si chère idée ; mais la grande contrainte où l'on tient sa Bergère lui en ôte tous les moyens. La violence de sa passion le fait résoudre à demander en mariage l'adorable beauté sans laquelle il ne peut plus vivre, et il en obtient d'elle la permission, par un billet qu'il a l'adresse de lui faire tenir. Mais dans le même temps on [193] l'avertit que le père de cette belle a conclu son mariage avec un autre, et que tout se dispose pour en célébrer la cérémonie. Jugez quelle atteinte cruelle au cœur de ce triste Berger. Le voilà accablé d'une mortelle douleur.

---

177 Toujours au sens fort d'ensorcelante.
178 *Trait* : projectile, flèche ; emploi littéraire par métaphore et au figuré : ce qui frappe, blesse, cause une vive impression, comme les traits enflammés de l'amour.
179 Toutes les actions nécessaires ou utiles à la dame aimée.
180 *De* : par suite de.

Il ne peut souffrir l'effroyable idée de voir tout ce qu'il aime
entre les bras d'un autre ; et son amour au désespoir lui fait
trouver moyen de s'introduire dans la maison de sa Bergère,
pour apprendre ses sentiments et savoir d'elle la destinée à
laquelle il doit se résoudre. Il y rencontre les apprêts de tout
ce qu'il craint ; il y voit venir l'indigne rival que le caprice
d'un père oppose aux tendresses de son amour. Il le voit
triomphant, ce rival ridicule, auprès de l'aimable Bergère,
ainsi qu'auprès d'une conquête qui lui est assurée ; et cette
vue le remplit d'une colère, dont il a peine à se rendre le
maître. Il jette de douloureux regards sur celle qu'il adore ;
et son respect, et la présence de son père l'empêchent de
lui rien dire que des yeux[181]. Mais enfin, il force[182] toute
contrainte, et le transport de son amour[183] l'oblige à lui
parler ainsi. (*Il chante.*)

> *Belle Philis, c'est trop, c'est trop souffrir,*
> *Rompons ce dur silence et m'ouvrez[184] vos pensées.*
> *Apprenez-moi ma destinée :*
> *Faut-il vivre ? Faut-il mourir ?*

> ANGÉLIQUE *répond en chantant.*
> *Vous me voyez, Tircis, triste et mélancolique,*
> *Aux apprêts[185] de l'hymen dont vous vous alarmez.*
> *Je lève au ciel les yeux, je vous regarde, je soupire,*
> *C'est vous en dire assez.*

---

181 L'empêchent de lui dire quoi que ce soit sinon par le langage des yeux.
182 *Forcer* : surmonter triompher de.
183 La manifestation de son amour.
184 Ouvrez-moi, dévoilez-moi.
185 À la vue des apprêts.

ARGAN

Ouais, je ne croyais pas que ma fille fût si ha[Tome VIII R]
[194]bile, que de chanter ainsi à livre ouvert, sans hésiter.

CLÉANTE

Hélas[186] *! belle Philis,*
Se pourrait-il que l'amoureux Tircis
Eût assez de bonheur,
Pour avoir quelque place dans votre cœur ?

ANGÉLIQUE

Je ne m'en défends point, dans cette peine extrême ;
Oui, Tircis, je vous aime.

CLÉANTE

Oh ! parole plein d'appâts !
Ai-je bien entendu, hélas !
Redites-la, Philis, que je n'en doute pas.

ANGÉLIQUE

Oui, Tircis, je vous aime.

CLÉANTE

De grâce, encor, Philis.

ANGÉLIQUE

Je vous aime.

CLÉANTE

Recommencez cent fois, ne vous en lassez pas.

---

186 Ce *hélas !* ne marque pas la douleur, mais une persistance de la crainte
de n'être pas aimé, au profit du prétendant imposé, au milieu de la joie
de la déclaration de la jeune fille – « une joie contenue », dit la note des
GEF. De même quelques vers plus loin.

ANGÉLIQUE

Je vous aime, je vous aime,
Oui, Tircis, je vous aime.

CLÉANTE

Dieux, rois, qui sous vos pieds regardez tout le
monde,
Pouvez-vous comparez votre bonheur au mien ?
Mais, Philis, une pensée,
Vient troubler ce doux transport :
Un rival, un rival...

ANGÉLIQUE

Ah ! je le hais plus que la mort ;
Et sa présence, ainsi qu'à vous,
M'est un cruel supplice.

CLÉANTE   [195]
Mais un père à ses vœux vous veut assujettir.

ANGÉLIQUE

Plutôt, plutôt mourir,
Que de jamais y consentir ;
Plutôt, plutôt mourir, plutôt mourir.

ARGAN

Et que dit le père à tout cela ?

CLÉANTE

Il ne dit rien.

ARGAN[187]

Voilà un sot père que ce père-là, de souffrir toutes ces sottises-là sans rien dire.

CLÉANTE

Ah ! mon amour...

ARGAN

Non, non, en voilà assez. Cette comédie-là est de fort mauvais exemple. Le Berger Tircis est un impertinent, et la Bergère Philis une impudente de parler de la sorte devant son père. Montrez-moi ce papier. Ah, ah ! Où sont donc les paroles que vous avez dites ? Il n'y a là que de la musique écrite[188].

CLÉANTE

Est-ce que vous ne savez pas, Monsieur, qu'on a trouvé depuis peu l'invention d'écrire les paroles avec les notes mêmes[189] ?

---

187 *En colère*, dit la didascalie de 1675.
188 De la musique sans paroles écrites.
189 Cléante se tire d'affaire en faisant allusion au projet utopique du compositeur de textes à chanter Pierre Perrin, que Molière attaqua ; il prétendait, dans son *Recueil de paroles de musique* (achevé avant 1669, et resté manuscrit jusqu'en 1986) avoir inventé « la manière de composer des paroles sur un chant noté sur la note même ». Argan ne croit pas à cette manière d'écrire des paroles avec les notes mêmes et a débusqué la supercherie des amants, qui ont improvisé simplement leurs paroles venues de leur cœur, *d'eux-mêmes* et *sur le champ*, comme en prévenait Cléante dans sa présentation.

ARGAN

Fort bien. Je suis votre serviteur, Monsieur, jusqu'au
revoir[190]. Nous nous serions bien passés de votre impertinent[191] d'opéra.

CLÉANTE

J'ai cru vous divertir.

ARGAN

Les sottises ne divertissent point. Ah ! voici ma femme.

Scène 6   [R ij] [196]

BÉLINE, ARGAN, TOINETTE, ANGÉLIQUE,
MONSIEUR DIAFOIRUS, THOMAS DIAFOIRUS

ARGAN

Mamour, voilà le fils de Monsieur Diafoirus.

THOMAS DIAFOIRUS *commence un compliment*
qu'il avait étudié, et la mémoire lui manquant,
il ne peut le continuer.

Madame, c'est avec justice que le Ciel vous a concédé
le nom de belle-mère, puisque l'on voit sur votre visage…

BÉLINE

Monsieur, je suis ravie d'être venue ici à propos pour
avoir l'honneur de vous voir.

---

190 Argan congédie Cléante.
191 Sot, ridicule.

THOMAS DIAFOIRUS

Puisque l'on voit sur votre visage... Puisque l'on voit sur votre visage... Madame, vous m'avez interrompu dans le milieu de ma période, et cela m'a troublé la mémoire.

MONSIEUR DIAFOIRUS

Thomas, réservez cela pour une autre fois.

ARGAN

Je voudrais, mamie, que vous eussiez été ici tantôt.

TOINETTE

Ah! Madame, vous avez bien perdu de n'avoir point été au second père, à la statue de Memnon, et à la fleur nommée héliotrope.

ARGAN   [197]

Allons, ma fille, touchez dans la main[192] de Monsieur, et lui donnez votre foi, comme à votre mari.

ANGÉLIQUE

Mon père.

ARGAN

Eh bien! « Mon père » ? Qu'est-ce que cela veut dire ?

ANGÉLIQUE

De grâce, ne précipitez pas les choses. Donnez-nous au moins le temps de nous connaître, et de voir naître entre nous l'un pour l'autre cette inclination si nécessaire à composer une union parfaite.

---

192 *Toucher dans la main* : donner la main en signe d'accord.

THOMAS DIAFOIRUS

Quant à moi, Mademoiselle, elle est déjà toute née en moi, et je n'ai pas besoin d'attendre davantage.

ANGÉLIQUE

Si vous êtes si prompt, Monsieur, il n'en est pas de même de moi, et je vous avoue que votre mérite n'a pas encore fait assez d'impression dans mon âme.

ARGAN

Oh ! bien, bien ! cela aura tout le loisir de se faire, quand vous serez mariés ensemble.

ANGÉLIQUE

Eh ! mon père, donnez-moi du temps, je vous prie. Le mariage est une chaîne, où l'on ne doit jamais soumettre un cœur par force ; et si Monsieur est honnête homme, il ne doit point vouloir accepter une personne qui serait à lui par contrainte.

THOMAS DIAFOIRUS

Néo consequentiam[193], Mademoiselle ; et je puis [R iij] [198] être honnête homme, et vouloir bien vous accepter des mains de Monsieur votre père.

ANGÉLIQUE

C'est un méchant[194] moyen de se faire aimer de quelqu'un que de lui faire violence.

---

193 « Je nie la conséquence ».
194 Mauvais.

THOMAS DIAFOIRUS

Nous lisons, des Anciens[195], Mademoiselle, que leur coutume était d'enlever par force de la maison des pères les filles qu'on menait marier, afin qu'il se semblât pas que ce fût de leur consentement qu'elles convolaient dans les bras d'un homme.

ANGÉLIQUE

Les Anciens, Monsieur, sont les Anciens, et nous sommes les gens de maintenant. Les grimaces ne sont point nécessaires dans notre siècle ; et quand un mariage nous plaît, nous savons fort bien y aller, sans qu'on nous y traîne. Donnez-vous patience ; si vous m'aimez, Monsieur, vous devez vouloir tout ce que je veux.

THOMAS DIAFOIRUS

Oui, Mademoiselle, jusqu'aux intérêts de mon amour exclusivement.

ANGÉLIQUE

Mais la grande marque d'amour, c'est d'être soumis aux volontés de celle qu'on aime.

THOMAS DIAFOIRUS

Distingo, Mademoiselle : dans ce qui ne regarde point sa possession, *concedo* ; mais dans ce qui la regarde, *nego*[196].

---

195 Au sujet des Anciens.
196 « Je distingue », « je concède », « je nie » : Thomas continue d'user des articulations logiques qu'il pratique dans les disputes universitaires en latin.

TOINETTE

Vous avez beau raisonner. Monsieur est frais émoulu[197] du collège, et il vous donnera toujours votre reste[198]. Pourquoi tant résister, et refuser la gloire d'être attachée au corps de la Faculté ?

BÉLINE   [199]

Elle a peut-être quelque inclination en tête.

ANGÉLIQUE

Si j'en avais, Madame, elle serait telle que la raison et l'honnêteté pourraient me la permettre.

ARGAN

Ouais, je joue ici un plaisant personnage.

BÉLINE

Si j'étais que de vous[199], mon fils, je ne la forcerais point à se marier, et je sais bien ce que je ferais.

ANGÉLIQUE

Je sais, Madame, ce que vous voulez dire, et les bontés que vous avez pour moi ; mais peut-être que vos conseils ne seront pas assez heureux pour être exécutés.

BÉLINE

C'est que les filles bien sages et bien honnêtes, comme vous, se moquent d'être obéissantes, et soumises aux volontés de leurs pères. Cela était bon autrefois.

---

197 *Frais émoulu de* : récemment sorti de, diplômé depuis peu de (*émoudre* c'est aiguiser sur une meule).

198 À Angélique : inutile de raisonner avec Monsieur, qui l'emportera toujours sur vous (Furetière : « cet homme joue mieux que vous, il vous donnera votre *reste* »).

199 Si j'étais vous.

ANGÉLIQUE

Le devoir d'une fille a des bornes, Madame, et la raison
et les lois ne l'étendent point à toutes sortes de choses.

BÉLINE

C'est-à-dire que vos pensées ne sont que pour le mariage ;
mais vous voulez choisir un époux à votre fantaisie.

ANGÉLIQUE

Si mon père ne veut pas me donner un mari qui me
plaise, je le conjurerai, au moins, de ne me point forcer à
en épouser un que je ne puisse pas aimer.

ARGAN

Messieurs, je vous demande pardon de tout ceci.

ANGÉLIQUE   [R iiij] [200]

Chacun a son but en se mariant. Pour moi, qui ne veux
un mari que pour l'aimer véritablement, et qui prétends
en faire tout l'attachement de ma vie, je vous avoue que
j'y cherche quelque précaution. Il y en a d'aucunes qui
prennent des maris seulement pour se tirer de la contrainte
de leurs parents, et se mettre en état de faire tout ce qu'elles
voudront. Il y en a d'autres, Madame, qui font du mariage
un commerce[200] de pur intérêt, qui ne se marient que pour
gagner des douaires[201], que pour s'enrichir par la mort de
ceux qu'elles épousent, et courent sans scrupule de mari en
mari, pour s'approprier leurs dépouilles. Ces personnes-là,
à la vérité, n'y cherchent pas tant de façons, et regardent
peu la personne.

---

200 *Commerce* : relation.
201 Le *douaire* désigne les bien que le mari donne à sa femme lors du mariage,
    pour assurer sa subsistance en cas de veuvage, et dont elle pouvait dis-
    poser à son gré.

BÉLINE

Je vous trouve aujourd'hui bien raisonnante[202], et je voudrais bien savoir ce que vous voulez dire par là.

ANGÉLIQUE

Moi, Madame, que voudrais-je dire que ce que je dis ?

BÉLINE

Vous êtes si sotte, mamie, qu'on ne saurait plus vous souffrir.

ANGÉLIQUE

Vous voudriez bien, Madame, m'obliger à vous répondre quelque impertinence, mais je vous avertis que vous n'aurez pas cet avantage.

BÉLINE

Il n'est rien d'égal à votre insolence.

ANGÉLIQUE

Non, Madame, vous avez beau dire.

BÉLINE

Et vous avez un ridicule orgueil, une impertinen[201]te présomption qui fait hausser les épaules à tout le monde.

ANGÉLIQUE

Tout cela, Madame, ne servira de rien. Je serai sage en dépit de vous ; et pour vous ôter l'espérance de pouvoir réussir dans ce que vous voulez, je vais m'ôter de votre vue.

---

202 *Raisonnant* : qui aime à répliquer, à discuter.

ARGAN

Écoute[203], il n'y a point de milieu à cela. Choisis d'épouser dans quatre jours, ou Monsieur, ou un couvent. Ne vous mettez pas en peine, je la rangerai[204] bien.

BÉLINE

Je suis fâchée de vous quitter, mon fils, mais j'ai une affaire en ville, dont je ne puis me dispenser. Je reviendrai bientôt.

ARGAN

Allez, mamour, et passez chez votre notaire, afin qu'il expédie[205] ce que vous savez.

BÉLINE

Adieu, mon petit ami.

ARGAN

Adieu, mamie. Voilà une femme qui m'aime… Cela n'est pas croyable.

MONSIEUR DIAFOIRUS

Nous allons, Monsieur, prendre congé de vous.

ARGAN

Je vous prie, Monsieur, de me dire un peu comment je suis.

---

203 Les deux injonctions sont adressées à Angélique, qui va sortir ; puis Argan s'adresse à Béline.
204 *Ranger* : réduire, soumettre.
205 *Expédier* : en finir avec, achever de s'occuper de.

MONSIEUR DIAFOIRUS, *lui tâte le pouls.*

Allons, Thomas, prenez l'autre bras de Monsieur, pour voir si vous saurez porter un bon jugement de son pouls. *Quid dicis*[206] ?

THOMAS DIAFOIRUS

Dico que le pouls de Monsieur, est le pouls [202] d'un homme qui ne se porte point bien.

MONSIEUR DIAFOIRUS

Bon.

THOMAS DIAFOIRUS

Qu'il est duriuscule[207], pour ne pas dire dur.

MONSIEUR DIAFOIRUS

Fort bien.

THOMAS DIAFOIRUS

Repoussant[208].

MONSIEUR DIAFOIRUS

Bene[209].

THOMAS DIAFOIRUS

Et même un peu caprisant[210].

---

206 « Que dis-tu ? » et sa réponse « Je dis » nous laissent dans le latin pédantesque.

207 Un peu dur.

208 Le battement du pouls repousse le doigt qui l'ausculte, probablement.

209 « Bien » et « Très bien » (*optime*) à la suite.

210 Selon Littré (le mot n'est pas dans les dictionnaires du temps), il s'agit d'un pouls « qui, interrompu au milieu de sa diastole, l'achève ensuite avec précipitation ».

MONSIEUR DIAFOIRUS

Optime.

THOMAS DIAFOIRUS

Ce qui marque une intempérie dans le parenchyme splénique[211], c'est-à-dire la rate.

MONSIEUR DIAFOIRUS

Fort bien.

ARGAN

Non ; Monsieur Purgon dit que c'est mon foie, qui est malade.

MONSIEUR DIAFOIRUS

Eh ! oui, qui dit parenchyme, dit l'un et l'autre, à cause de l'étroite sympathie qu'ils ont ensemble, par le moyen du *vas breve* du pylore, et souvent des méats cholidoques[212]. Il vous ordonne sans doute de manger force rôti ?

ARGAN

Non, rien que du bouilli.

MONSIEUR DIAFOIRUS

Eh oui ! rôti, bouilli, même chose. Il vous ordonne fort prudemment, et vous ne pouvez être en de meilleures mains.

---

211 Une *intempérie* est un mauvais équilibre des humeurs, source de la maladie. Un *parenchyme* est un organe où afflue le sang ; *splénique* : de la rate. *Parenchyme splénique* : la rate.

212 Le *vas breve* est un vaisseau court situé au fond de l'estomac, le *pylore* étant l'orifice inférieur de l'estomac, par où les aliments passent dans le duodénum ; les *méats cholidoques* versent la bile dans le duodénum.

ARGAN   [203]

Monsieur, combien est-ce qu'il faut mettre de grains
de sel dans un œuf?

MONSIEUR DIAFOIRUS

Six, huit, dix, par les nombres pairs, comme dans les
médicaments, par les nombres impairs[213].

ARGAN

Jusqu'au revoir, Monsieur.

Scène 7

BÉLINE, ARGAN

BÉLINE

Je viens, mon fils, avant que de sortir, vous donner avis
d'une chose à laquelle il faut que vous preniez garde. En
passant par-devant la chambre d'Angélique, j'ai vu un jeune
homme avec elle, qui s'est sauvé d'abord qu'il[214] m'a vue.

ARGAN

Un jeune homme avec ma fille?

BÉLINE

Oui. Votre petite fille Louison était avec eux, qui pourra
vous en dire des nouvelles.

ARGAN

Envoyez-la ici, mamour, envoyez-la ici. Ah[215]! l'effrontée!
Je ne m'étonne plus de sa résistance.

---

213 Qu'il s'agisse de pilules, de purgations ou autres, la médecine du temps,
    encore superstitieuse, était très soucieuse du pair et de l'impair!
214 *D'abord que* : aussitôt que.
215 Argan est désormais seul en scène et parle d'Angélique.

Scène 8   [204]
LOUISON, ARGAN

LOUISON

Qu'est-ce que vous voulez, mon papa, ma belle-maman m'a dit que vous me demandez.

ARGAN

Oui, venez çà. Avancez-là. Tournez-vous. Levez les yeux. Regardez-moi. Eh !

LOUISON

Quoi, mon papa ?

ARGAN

Là !

LOUISON

Quoi ?

ARGAN

N'avez-vous rien à me dire ?

LOUISON

Je vous dirai, si vous voulez, pour vous désennuyer, le conte de *Peau-d'âne*, ou bien la fable du *Corbeau et du renard*[216], qu'on m'a apprise depuis peu.

ARGAN

Ce n'est pas là ce que je demande.

---

216 Bien avant la mise en vers de Perrault (1694) le conte de *Peau d'âne* était bien connu de la tradition populaire. Quant à *la fable du Corbeau et du renard*, elle était parue dans le premier recueil des *Fables* de la Fontaine, en 1668, lesquelles eurent aussitôt leur utilisation pédagogique.

LOUISON

Quoi donc ?

ARGAN

Ah ! rusée, vous savez bien ce que je veux dire.

LOUISON

Pardonnez-moi, mon papa.

ARGAN   [205]

Est-ce là comme vous m'obéissez ?

LOUISON

Quoi ?

ARGAN

Ne vous ai-je pas recommandé de me venir dire d'abord[217]
tout ce que vous voyez ?

LOUISON

Oui, mon papa.

ARGAN

L'avez-vous fait ?

LOUISON

Oui, mon papa. Je vous suis venue dire tout ce que j'ai vu.

ARGAN

Et n'avez-vous rien vu aujourd'hui ?

LOUISON

Non, mon papa.

---

217 Tout de suite.

ARGAN

Non ?

LOUISON

Non, mon papa.

ARGAN

Assurément ?

LOUISON

Assurément.

ARGAN

Oh çà ! je m'en vais vous faire voir quelque chose, moi.
(*Il va prendre une poignée de verges.*)

LOUISON

Ah ! mon papa.

ARGAN

Ah, ah ! petite masque[218], vous ne me dites pas que
vous avez vu un homme dans la chambre de votre sœur ?

LOUISON   [206]

Mon papa.

ARGAN

Voici qui vous apprendra à mentir.

LOUISON *se jette à genoux.*

Ah ! mon papa, je vous demande pardon. C'est que ma
sœur m'avait dit de ne pas vous le dire ; mais je m'en vais
vous dire tout.

---

218 Cette insulte, destinée aux femmes à qui l'on reproche leur laideur, leur
vieillesse ou leur malice, est assez intempestive pour une enfant.

ARGAN

Il faut premièrement que vous ayez le fouet pour avoir menti. Puis après nous verrons au reste.

LOUISON

Pardon, mon papa.

ARGAN

Non, non.

LOUISON

Mon pauvre papa, ne me donnez pas le fouet.

ARGAN

Vous l'aurez.

LOUISON

Au nom de Dieu, mon papa, que je ne l'aie pas.

ARGAN, *la prenant pour la fouetter*

Allons, allons.

LOUISON

Ah! mon papa, vous m'avez blessée[219]. Attendez, je suis morte. (*Elle contrefait la morte.*)

ARGAN

Holà! qu'est-ce là? Louison, Louison. Ah! mon Dieu! Louison. Ah! ma fille! Ah! malheureux, ma pauvre fille est morte. Qu'ai-je fait, misérable? Ah! chiennes de verges.

---

219 Ou Argan a malmené sa fille en la saisissant, ou Louison, comme beaucoup d'enfants, se plaint de manière préventive, avant même de recevoir les verges!

La peste soit des verges ! Ah ! ma pauvre fille, ma pauvre petite Louison[220].

LOUISON   [207]

Là, là, mon papa, ne pleurez point tant, je ne suis pas morte tout à fait.

ARGAN

Voyez-vous la petite rusée ? Oh çà, çà ! je vous pardonne pour cette fois-ci, pourvu que vous me disiez bien tout.

LOUISON

Oh ! oui, mon papa.

ARGAN

Prenez bien garde au moins, car voilà un petit doigt qui sait tout, qui me dira si vous mentez.

LOUISON[221]

Mais, mon papa, ne direz pas à ma sœur que je vous l'ai dit.

ARGAN

Non, non.

LOUISON

C'est, mon papa, qu'il est venu un homme dans la chambre de ma sœur comme j'y étais.

ARGAN

Eh bien ?

---

220 Jeu avec l'enfant, plutôt que terreur devant la réalité de l'enfant qu'il croirait morte.
221 Didascalie de 1734 : « *après avoir regardé si personne n'écoute* ».

LOUISON

Je lui ai demandé ce qu'il demandait, et il m'a dit qu'il était son maître à chanter.

ARGAN

Hon, hon. Voilà l'affaire. Eh bien ?

LOUISON

Ma sœur est venue après.

ARGAN

Eh bien ?

LOUISON

Elle lui a dit : « Sortez, sortez, sortez, mon Dieu ! sortez, vous me mettez au désespoir ».

ARGAN

Eh bien ?

LOUISON   [208]

Et lui, il ne voulait pas sortir.

ARGAN

Qu'est-ce qu'il lui disait ?

LOUISON

Il lui disait je ne sais combien de choses.

ARGAN

Et quoi encore ?

LOUISON

Il lui disait tout ci, tout ça, qu'il l'aimait bien, et qu'elle était la plus belle du monde.

ARGAN

Et puis après ?

LOUISON

Et puis après, il se mettait à genoux devant elle

ARGAN

Et puis après ?

LOUISON

Et puis après, il lui baisait les mains.

ARGAN

Et puis après ?

LOUISON

Et puis après, ma belle-maman est venue à la porte, et il s'est enfui.

ARGAN

Il n'y a point autre chose ?

LOUISON

Non, mon papa.

ARGAN

Voilà mon petit doigt pourtant qui gronde quelque chose. (*Il met son doigt à son oreille.*) Attendez. Eh ! ah, ah ! oui ? Oh, oh ! voilà mon petit doigt qui me dit quelque chose que vous avez vu, et que vous ne m'avez pas dit.

LOUISON   [209]

Ah! mon papa. Votre petit doigt est un menteur.

ARGAN

Prenez garde.

LOUISON

Non, mon papa, ne le croyez pas, il ment, je vous assure.

ARGAN

Oh! bien, bien! nous verrons cela. Allez-vous-en, et prenez bien garde à tout, allez. Ah[222]! il n'y a plus d'enfants. Ah! que d'affaires! Je n'ai pas seulement le loisir de songer à ma maladie. En vérité je n'en puis plus. (*Il se remet dans sa chaise.*)

Scène 9

BÉRALDE, ARGAN

BÉRALDE

Eh bien! Mon frère, qu'est-ce? comment vous portez-vous?

ARGAN

Ah! mon frère, fort mal.

BÉRALDE

Comment « fort mal » ?

ARGAN

Oui, je suis dans une faiblesse si grande, que cela n'est pas croyable.

---

222 Argan est désormais seul.

BÉRALDE

Voilà qui est fâcheux.

ARGAN

Je n'ai pas seulement la force de pouvoir parler.

BÉRALDE   [Tome VIII S] [210]

J'étais venu ici, mon frère, vous proposer un parti pour ma nièce Angélique.

ARGAN,
parlant avec emportement, et se levant de sa chaise.

Mon frère, ne me parlez point de cette coquine-là. C'est une friponne, une impertinente, une effrontée, que je mettrai dans un couvent avant qu'il soit deux jours.

BÉRALDE

Ah ! voilà qui est bien. Je suis bien aise que la force vous revienne un peu, et que ma visite vous fasse du bien. Oh ! Çà ! nous parlerons d'affaires tantôt. Je vous amène ici un divertissement, que j'ai rencontré, qui dissipera votre chagrin, et vous rendra l'âme mieux disposée aux choses que nous avons à dire. Ce sont des Égyptiens vêtus en Mores, qui font des danses mêlées de chansons[223], où je suis sûr que vous prendrez plaisir, et cela vaudra bien une ordonnance de Monsieur Purgon. Allons.

Fin du second acte

---

223 Divertissement de carnaval procuré par la troupe de bohémiens qu'a rencontrée Béralde.

SECOND INTERMÈDE   [211]

Le frère du Malade imaginaire lui amène, pour le divertir, plusieurs Égyptiens et Égyptiennes vêtus en Mores, qui font des danses entremêlées de chansons.

PREMIÈRE FEMME MORE
Profitez du printemps
De vos beaux ans,
Aimable jeunesse;
Profitez du printemps
De vos beaux ans,
Donnez-vous à la tendresse.

Les plaisirs les plus charmants,
Sans l'amoureuse flamme,
Pour contenter une âme
N'ont point d'attraits assez puissants.

Profitez du printemps
De vos beaux ans,
Aimable jeunesse;
Profitez du printemps
De vos beaux ans,
Donnez-vous à la tendresse.

Ne perdez point ces précieux moments; [S ij] [212]
La beauté passe,
Le temps s'efface,
L'âge de glace
Vient à sa place,

Qui nous ôte le goût de ces doux passetemps.

> *Profitez du printemps*
>   *De vos beaux ans,*
>   *Aimable jeunesse ;*
> *Profitez du printemps*
>   *De vos beaux ans,*
> *Donnez-vous à la tendresse.*

SECONDE FEMME MORE
> *Quand d'aimer on nous presse,*
>   *À quoi songez-vous ?*
> *Nos cœurs, dans la jeunesse,*
>   *N'ont vers la tendresse*
>   *Qu'un penchant trop doux.*
> *L'amour a pour nous prendre*
>   *De si doux attraits,*
> *Que de soi, sans attendre,*
>   *On voudrait se rendre*
>   *À ses premiers traits.*
> *Mais tout ce qu'on écoute*[224]
>   *Des vives douleurs*
> *Et des pleurs qu'il nous coûte,*
>   *Fait qu'on en redoute*
>   *Toutes les douceurs.*

TROISIÈME FEMME MORE   [213]
> *Il est doux, à notre âge,*
>   *D'aimer tendrement*
>   *Un amant*
>   *Qui s'engage ;*

---

224 Tout ce qu'on entend raconter.

> *Mais s'il est volage*
> *Hélas ! quel tourment !*

QUATRIÈME FEMME MORE
> *L'amant qui se dégage*
> *N'est pas le malheur ;*
> *La douleur*
> *Et la rage,*
> *C'est que le volage*
> *Garde notre cœur.*

SECONDE FEMME MORE
> *Quel parti faut-il prendre*
> *Pour nos jeunes cœurs ?*

QUATRIÈME FEMME MORE
> *Devons-nous nous y rendre*
> *Malgré ses rigueurs ?*

ENSEMBLE   [S iij] [214]
> *Oui, suivons ses ardeurs,*
> *Ses transports, ses caprices,*
> *Ses douces langueurs ;*
> *S'il a quelques supplices,*
> *Il a cent délices*
> *Qui charment les cœurs.*

ENTRÉE DE BALLET

Tous les Mores dansent ensemble, et font sauter des singes qu'ils ont amenés avec eux.

ACTE III   [215]

Scène PREMIÈRE
BÉRALDE, ARGAN, TOINETTE

Cet acte entier n'est point, dans les éditions précédentes, de la prose de Monsieur Molière ; le voici rétabli sur l'original de l'auteur[225].

BÉRALDE

Eh bien ! mon frère, qu'en dites-vous ? cela ne vaut-il pas bien une prise de casse ?

TOINETTE

Hon, de bonne casse est bonne[226].

BÉRALDE

Oh çà ! voulez-vous que nous parlions un peu ensemble ?

ACTE TROISIÈME

Scène PREMIÈRE
BÉRALDE, ARGAN, TOINETTE

BÉRALDE

Eh bien ! mon frère, que dites-vous du plaisir que vous venez d'avoir ? cela ne vaut-il pas bien une prise de casse ?

TOINETTE

De bonne casse est bonne.

---

225 Comme pour I, 7 et 8, nous donnons, sous le texte de 1682 et en plus petit corps, le texte de 1675. Malgré les inévitables ruptures de pages, le lecteur pourra suivre en continu chacun des deux textes.
226 Je comprends : une bonne prise de *casse* (de ce laxatif doux) est bonne pour la santé.

BÉRALDE

Puisque vous êtes mieux, mon frère, vous voulez bien que je vous entretienne un peu de l'affaire de tantôt.

ARGAN

Un peu de patience, mon frère, je vais revenir.

TOINETTE

Tenez, Monsieur, vous ne songez pas que vous ne sauriez marcher sans bâton.

ARGAN

Tu as raison.

Scène 2 [216]
BÉRALDE, TOINETTE

TOINETTE

N'abandonnez pas, s'il vous plaît, les intérêts de votre nièce.

ARGAN *court au bassin.*
Un peu de patience, mon frère, je reviens dans un moment.

TOINETTE
Monsieur, vous oubliez votre bâton ; vous ne songez pas que vous ne sauriez marcher sans lui.

ARGAN
Tu as raison, donne vite.

Scène 2
BÉRALDE, TOINETTE

TOINETTE
Eh ! Monsieur, n'avez-vous point de pitié pour votre nièce, et la laisserez-vous sacrifier au caprice[227] de son père, qui veut absolument qu'elle épouse ce qu'elle hait le plus au monde ?

---

227 *Caprice* a ici un sens assez fort et désigne une volonté plus proche de la folie que de la fantaisie.

BÉRALDE

J'emploierai toutes choses pour lui obtenir ce qu'elle souhaite.

TOINETTE

Il faut absolument empêcher ce mariage extravagant qu'il s'est mis dans la fantaisie[228], et j'avais songé en moi-même que ç'aurait été une bonne affaire, de pouvoir introduire ici un médecin à notre poste[229], pour le dégoûter de son Monsieur Purgon, et lui décrier[230] sa conduite. Mais comme nous n'avons personne en main pour cela, j'ai résolu de jouer un tour de ma tête.

BÉRALDE

Comment ?

BÉRALDE

Dans le vrai, la nouvelle de ce bizarre[231] mariage m'a fort surpris ; je veux tout mettre en usage pour rompre ce coup, et je porterai même les choses à la dernière extrémité, plutôt que de le souffrir[232]. Je lui ai déjà parlé en faveur de Cléante ; j'ai été très mal reçu ; mais afin de faire réussir leurs feux, il faut commencer par le dégoûter de l'autre, et c'est ce qui m'embarrasse fort.

TOINETTE

Il est vrai que difficilement le fait-on changer de sentiment. Écoutez, pourtant, je songe à quelque chose qui pourrait bien nous réussir.

BÉRALDE

Que prétends-tu faire ?

---

228 *Se mettre quelque chose dans la fantaisie* : se le mettre dans la tête, en concevoir le projet.
229 *À sa poste* : à sa convenance.
230 *Décrier* : discréditer, attaquer dans sa réputation.
231 *Bizarre* : extravagant.
232 *Souffrir* : supporter, admettre.

TOINETTE

C'est une imagination[233] burlesque. Cela sera peut-être plus heureux que sage. Laissez-moi faire ; agissez de votre côté. Voici notre homme.

Scène 3   [217]
ARGAN, BÉRALDE

BÉRALDE

Vous voulez bien, mon frère, que je vous demande, avant toute chose, de ne vous point échauffer l'esprit dans notre conversation.

TOINETTE

C'est un dessein assez burlesque, et une imagination fort plaisante qui me vient dans l'esprit pour duper notre homme ; je songe qu'il faudrait faire venir un médecin à notre poste[234], qui eût une méthode toute contraire à celle de Monsieur Purgon, qui le décriât[235] et le fît passer pour un ignorant, qui lui offrît ses services et lui promît de prendre soin de lui en sa place. Peut-être serons-nous plus heureux que sages. Éprouvons ceci à tout hasard ; mais comme je ne vois personne propre à bien faire le médecin, j'ai envie de jouer un tour de ma tête.

BÉRALDE

Quel est-il ?

TOINETTE

Vous verrez ce que c'est. J'entends votre frère, secondez-moi bien seulement.

---

233 *Imagination* : idée, invention.
234 À notre convenance.
235 *Décrier* : discréditer, détruire la réputation de quelqu'un.

Scène 3
ARGAN, BÉRALDE

BÉRALDE
Je veux, mon frère, vous faire une prière avant que vous parler d'affaires.

ARGAN
Voilà qui est fait.

BÉRALDE
De répondre sans nulle aigreur aux choses que je pourrai vous dire.

ARGAN
Oui.

BÉRALDE
Et de raisonner ensemble, sur les affaires dont nous avons à parler, avec un esprit détaché de toute passion.

ARGAN
Mon Dieu! oui. Voilà bien du préambule.

ARGAN

Quelle est cette prière ?

BÉRALDE

C'est d'écouter favorablement tout ce que j'ai à vous dire.

ARGAN

Bien, soit.

BÉRALDE

De ne vous point emporter à votre ordinaire.

ARGAN

Oui, je le ferai.

BÉRALDE

Et de me répondre sans chaleur précisément sur chaque chose.

ARGAN

Eh bien ! oui. Voici bien du préambule.

BÉRALDE

D'où vient, mon frère, qu'ayant le bien que vous avez, et n'ayant d'enfants qu'une fille, car je ne compte pas la petite[236], d'où vient, dis-je, que vous parlez de la mettre au couvent ?

ARGAN

D'où vient, mon frère, que je suis maître dans ma famille, pour faire ce que bon me semble ?

BÉRALDE

Votre femme ne manque pas de vous conseiller [Tome VIII. T] [218] de vous défaire ainsi de vos deux filles, et je ne doute point que, par un esprit de charité, elle ne fût ravie de les voir toutes deux bonnes religieuses.

ARGAN

Oh çà ! nous y voici. Voilà d'abord la pauvre femme en jeu[237]. C'est elle qui fait tout le mal, et tout le monde lui en veut.

BÉRALDE

Ainsi, mon frère, par quelle raison, dites-moi, voulez-vous marier votre fille à un médecin ?

ARGAN

Par la raison, mon frère, que je suis le maître chez moi, et que je puis disposer à ma volonté de tout ce qui est en ma puissance[238].

---

236 Béralde ne prend pas en compte Louison, dont l'avenir (mariage avec dot, ou couvent) n'est pas encore une préoccupation.
237 *Mettre en jeu* : mettre en cause, impliquer.
238 Il s'agit de la puissance paternelle sur les enfants.

BÉRALDE

Non, mon frère, laissons-la là ; c'est une femme qui a les meilleurs intentions du monde pour votre famille, et qui est détachée de toute sorte d'intérêt, qui a pour vous une tendresse merveilleuse, et qui montre pour vos enfants une affection et une bonté qui n'est pas concevable, cela est certain. N'en parlons point, et revenons à votre fille. Sur quelle pensée, mon frère, la voulez-vous donner en mariage au fils d'un médecin ?

ARGAN

Sur la pensée, mon frère, de me donner un gendre tel qu'il me faut.

BÉRALDE

Ce n'est point là, mon frère, le fait de votre fille, et il se présente un parti plus sortable pour elle.

ARGAN

Oui, mais celui-ci, mon frère, est plus sortable pour moi.

BÉRALDE

Mais le mari qu'elle doit prendre, doit-il être, mon frère, ou pour elle, ou pour vous ?

ARGAN

Il doit être, mon frère, et pour elle, et pour moi, et je veux mettre dans ma famille les gens dont j'ai besoin.

BÉRALDE

Mais encore, pourquoi choisir plutôt un médecin qu'un autre[239] ?

ARGAN

Parce que, dans l'état où je suis, un médecin m'est plus nécessaire que tout autre ; et si ma fille était raisonnable, c'en serait assez pour le lui faire accepter.

BÉRALDE   [219]

Pour cette raison-là, si votre petite était grande, vous lui donneriez en mariage un apothicaire[240].

ARGAN

Pourquoi non ?

BÉRALDE

Est-il possible que vous serez toujours embéguiné[241] de vos apothicaires et de vos médecins, et que vous vous vouliez être malade en dépit des gens et de la nature ?

ARGAN

Comment l'entendez-vous, mon frère ?

---

239 Qu'un autre mari – autre qu'un médecin – pour votre fille.
240 L'apothicaire est de rang inférieur au médecin, dans la hiérarchie sociale.
241 *Embéguiner* : enticher, séduire l'esprit, duper (au propre, c'est couvrir la tête d'un béguin ou d'un voile quelconque).

BÉRALDE

Par cette même raison, si votre petite Louison était plus grande, vous la donneriez en mariage à un apothicaire.

ARGAN

Eh ! pourquoi non ? Voyez un peu le grand mal qu'il y aurait.

BÉRALDE

En vérité, mon frère, je ne puis souffrir[242] l'entêtement que vous avez des médecins, et que vous vouliez être malade en dépit de vous-même.

ARGAN

Qu'entendez-vous par là, mon frère ?

---

242 Admettre, supporter.

BÉRALDE

J'entends, mon frère, que je ne vois point d'homme qui soit moins malade que vous, et que je ne demanderais point une meilleure constitution que la vôtre. Une grande marque que vous vous portez bien, et que vous avez un corps parfaitement bien composé[243], c'est qu'avec tous les soins que vous avez pris, vous n'avez pu parvenir encore à gâter la bonté de votre tempérament, et que vous n'êtes point crevé[244] de toutes les médecines qu'on vous a fait prendre.

ARGAN

Mais savez-vous, mon frère, que c'est cela qui me conserve, et que Monsieur Purgon dit que je succomberais, s'il était seulement trois jours sans prendre soin de moi ?

BÉRALDE

Si vous n'y prenez garde, il prendra tant de soin de vous qu'il vous envoiera en l'autre monde.

BÉRALDE

J'entends, mon frère, que je ne vois guère d'hommes qui se portent mieux que vous, et que je ne voudrais pas avoir une meilleure constitution que la vôtre. Une grande marque que vous vous portez bien, c'est que toutes les médecines et les lavements qu'on vous a fait prendre n'aient point encore altéré la bonté de votre tempérament[245] ; et un de mes étonnements est que vous ne soyez point crevé à force de remèdes.

---

243 « On dit qu'un corps est bien composé pour dire d'un bon tempérament, qu'il a une santé vigoureuse » (Furetière).

244 *Crever*, c'est mourir (de mort violente, précise Furetière, qui donne l'exemple suivant, parfaitement ajusté à notre passage : « Cette médecine était trop forte, elle l'a fait *crever* »). Le terme est familier mais non vulgaire.

245 Remèdes (*médecines*) et lavements n'ont point encore dégradé la bonne complexion, la bonne santé d'Argan.

ARGAN

Monsieur Purgon dit que c'est ce qui me fait vivre ; et que je mourrais, s'il était seulement deux jours sans pendre soin de moi.

BÉRALDE

Oui, oui, il en prendra tant de soin, que, devant qu'il[246] soit peu, vous n'aurez plus besoin de lui.

ARGAN

Mas raisonnons un peu, mon frère. Vous ne croyez donc point à la médecine ?

BÉRALDE

Non, mon frère, et je ne vois pas que, pour [T ij] [220] son salut[247], il soit nécessaire d'y croire.

ARGAN

Quoi ? vous ne tenez pas véritable une chose établie par tout le monde, et que tous les siècles ont révérée ?

BÉRALDE

Bien loin de la tenir véritable, je la trouve, entre nous, une des plus grandes folies qui soit parmi les hommes[248] ; et à regarder les choses en philosophe, je ne vois point de plus plaisante momerie[249], je ne vois rien de plus ridicule, qu'un homme qui se veut mêler d'en guérir un autre.

---

246 *Devant qu'il* : avant qu'il.

247 Cette incise invite nettement le lecteur à faire le rapprochement entre la croyance en la médecine et la religion (qui propose le salut), entre le scepticisme en matière de médecine et l'athéisme. Voir évidemment *Dom Juan*.

248 *Cf. Dom Juan*, III, 1 : « C'est une des grandes erreurs qui soit parmi les hommes », dit Dom Juan à propos de la médecine.

249 *Momerie* : mascarade, jeu de baladins (sens propre vieilli au XVIIe siècle) ; au figuré : comédie, tromperie.

ARGAN

Mais, mon frère, vous ne croyez donc point à la médecine ?

BÉRALDE

Moi, mon frère ? Nullement, et je ne vois pas que, pour son salut, il soit nécessaire d'y croire.

ARGAN

Quoi ? vous ne croyez pas à une science qui depuis un si long temps est si solidement établie par toute la terre, et respectée de tous les hommes ?

BÉRALDE

Non, vous dis-je, et je ne vois pas même une plus plaisante momerie : rien au monde de plus impertinent[250] qu'un homme qui se veut mêler d'en guérir un autre.

ARGAN

Pourquoi ne voulez-vous pas, mon frère, qu'un homme en puisse guérir un autre ?

BÉRALDE

Par la raison, mon frère, que les ressorts de notre machine[251] sont des mystères, jusques ici, où les hommes ne voient goutte, et que la nature nous a mis au-devant des yeux des voiles trop épais pour y connaître quelque chose.

ARGAN

Les médecins ne savent donc rien, à votre compte ?

250 *Impertinent* : sot, ridicule, extravagant.
251 Les principes, les causes (les *ressorts*) qui font agir notre corps (notre *machine*).

BÉRALDE

Si fait, mon frère. Ils savent la plupart de fort belles humanités[252], savent parler en beau latin, savent nommer en grec toutes les maladies, les définir, et les diviser ; mais pour ce qui est de les guérir, c'est ce qu'ils ne savent point du tout.

ARGAN

Eh ! pourquoi, mon frère, ne voulez-vous pas qu'un homme en puisse guérir un autre ?

BÉRALDE

Parce que les ressorts de notre machine sont mystères jusques ici inconnus, où les hommes ne voient goutte, et dont l'auteur de toutes choses s'est réservé la connaissance.

ARGAN

Que faut-il donc faire lorsque l'on est malade ?

BÉRALDE

Rien que se tenir de repos, et laisser faire la nature ; puisque c'est elle qui est tombée dans le désordre, elle s'en peut aussi bien retirer, et se rétablir elle-même.

---

252 *Les humanités* renvoient aux programmes scolaires où l'étude des langues et littératures latines et grecques, considérées comme particulièrement formatrices, est prépondérante ; ce sont les « bonnes lettres » ou « les lettres humaines », comme on dit depuis la Renaissance.

ARGAN

Mais toujours faut-il demeurer d'accord que sur cette matière les médecins en savent plus que les autres.

BÉRALDE

Ils savent, mon frère, ce que je vous ai dit, [221] qui ne guérit pas de grand-chose ; et toute l'excellence de leur art consiste en un pompeux galimatias, en un spécieux babil, qui vous donne des mots pour des raisons, et des promesses pour des effets.

ARGAN

Mais enfin, mon frère, il y a des gens aussi sages, et aussi habiles que vous ; et nous voyons que dans la maladie tout le monde a recours aux médecins.

BÉRALDE

C'est une marque de la faiblesse humaine, et non pas de la vérité de leur art.

ARGAN

Mais encore devez-vous m'avouer qu'on peut aider cette nature.

BÉRALDE

Bien éloigné de cela, on ne fait bien souvent que l'empêcher de faire son effet : et j'ai connu bien des gens qui sont morts des remèdes qu'on leur a fait prendre, qui se porteraient bien présentement s'ils l'eussent laissé faire.

ARGAN

Vous voulez donc dire, mon frère, que les médecins ne savent rien ?

BÉRALDE

Non, je ne dis pas cela ; la plupart d'entre eux sont de très bons humanistes[253] qui parlent fort bien latin, qui savent nommer en grec toutes les maladies, les définir ; mais pour les guérir, c'est ce qu'ils ne savent pas.

---

253 Ils ont fait leurs humanités et sont versés dans les langues et littératures de l'Antiquité.

ARGAN

Mais il faut bien que les médecins croient leur art véritable, puisqu'ils s'en servent pour eux-mêmes.

BÉRALDE

C'est qu'il y en a parmi eux qui sont eux-mêmes dans l'erreur populaire, dont ils profitent, et d'autres qui en profitent sans y être. Votre Monsieur Purgon, par exemple, n'y sait point de finesse ; c'est un homme tout médecin, depuis la tête jusqu'aux pieds ; un homme qui croit à ses règles plus qu'à toutes les démonstrations des mathématiques, et qui croirait du crime[254] à les vouloir examiner ; qui ne voit rien d'obscur dans la médecine, rien de douteux, rien de difficile, et qui, avec une impétuosité de prévention, une roideur de confiance, une brutalité de sens commun et de raison, donne au travers des purgations et des saignées, et ne balance aucune chose[255]. Il ne lui faut point vouloir mal de tout ce qu'il pourra vous faire : c'est de la meilleure foi du monde qu'il vous expédiera[256], et il ne fera, en vous tuant, que ce qu'il a fait à sa femme et à [T iij] [222] ses enfants, et ce qu'en un besoin il ferait à lui-même.

---

254 Qui verrait du crime à, qui croirait une faute de.

255 Toutes les expressions qui désignent la manière de Purgon insistent sur sa brutalité bornée, prévenue de la valeur absolue de la médecine et de ses traitements (dans lesquels il se jette tête baissée, *au travers desquels il donne*) et incapable de réfléchir, d'examiner, d'hésiter (de *balancer*), de critiquer – bref, privé du moindre sens commun et de la moindre raison humaine.

256 *Expédier* : faire périr promptement.

ARGAN

Mais pourquoi donc, mon frère, tous les hommes sont-ils dans la même erreur où vous voulez que je sois ?

BÉRALDE

C'est, mon frère, parce qu'il y a des choses dont l'apparence nous charme[257], et que nous croyons véritables, par l'envie que nous avons qu'elles se fassent. La médecine est de celles-là ; il n'y a rien de si beau et de si charmant que son objet. Par exemple, lorsqu'un médecin vous parle de purifier le sang, de fortifier le cœur, de rafraîchir les entrailles, de rétablir la poitrine, de raccommoder la rate, d'apaiser la trop grande chaleur du foie, de régler, modérer et retirer la chaleur naturelle, il vous dit justement le roman de la médecine, et il en est comme de ces beaux songes qui pendant la nuit nous ont bien divertis, et qui ne nous laissent au réveil que le déplaisir de les avoir eus.

ARGAN

C'est que vous avez, mon frère, une dent de lait[258] contre lui. Mais enfin, venons au fait. Que faire donc, quand on est malade ?

BÉRALDE

Rien, mon frère.

257 Nous attirent comme une puissance magique.
258 Avoir *une dent de lait*, ou *une dent* contre quelqu'un, « c'est avoir quelque ressentiment contre lui » (Furetière).

ARGAN

Ouais, vous êtes devenu fort habile homme en peu de temps.

BÉRALDE

Dans les discours et dans les choses, ce sont deux sortes de personnes que vos grands médecins. Endentez-les parler, ce sont les plus
habiles gens du monde ; voyez-les faire, les plus ignorants de tous les
hommes ; de telle manière que toute leur science est renfermée en un
pompeux galimatias, et un spécieux babil[259].

ARGAN

Ce sont donc de méchantes[260] gens d'abuser ainsi de la crédulité
et de la bonne foi des hommes ?

BÉRALDE

Il y en a entre eux qui sont dans l'erreur aussi bien que les autres,
d'autres qui en profitent sans y être. Votre Monsieur Purgon y est plus
que personne. C'est un homme tout médecin depuis la tête jusques
aux pieds, qui croit plus aux règles de son art qu'à toutes les démonstrations de mathématique, et qui donne à travers les purgations et
les saignées sans y rien connaître, et qui, lorsqu'il vous tuera, ne fera
dans cette occasion que ce qu'il a fait à sa femme et à ses enfants, et
ce qu'en un besoin il ferait à lui-même.

ARGAN

C'est que vous avez une dent de lait contre lui.

BÉRALDE

Quelle raison m'en aurait-il donnée ?

---

259 *Babil* : bavardage importun.
260 *Méchant* : mauvais.

ARGAN

Rien ?

BÉRALDE

Rien. Il ne faut que demeurer en repos. La nature, d'elle-même, quand nous la laissons faire, se tire doucement du désordre où elle est tombée. C'est notre inquiétude, c'est notre impatience qui gâte tout, et presque tous les hommes meurent de leurs remèdes, et non pas de leurs maladies.

ARGAN

Mais il faut demeurer d'accord, mon frère, qu'on peut aider cette nature par de certaines choses.

BÉRALDE

Mon Dieu ! Mon frère, ce sont pures idées, dont nous aimons à nous repaître ; et de tout temps il s'est glissé parmi les hommes de belles imaginations que nous venons à croire, parce qu'elles nous flattent, et qu'il serait à souhaiter qu'elles fussent véritables. Lorsqu'un médecin vous parle d'aider, de secourir, de soulager la nature, de lui ôter ce qui lui nuit et lui donner ce qui lui manque, de la rétablir et de la remettre dans une pleine facilité de ses fonctions ; lorsqu'il vous parle de rectifier le sang, de tempérer les entrailles et le cerveau, de dégonfler la rate, de raccommoder la poitrine, de réparer le foie, de fortifier le cœur, de rétablir et conserver la [223] chaleur naturelle, et d'avoir des secrets pour étendre la vie à de longues années, il vous dit justement le roman de la médecine. Mais quand vous en venez à la vérité et à l'expérience, vous ne trouvez rien de tout cela, et il en est comme de ces beaux songes qui ne vous laissent au réveil que le déplaisir[261] de les avoir crus.

ARGAN

C'est-à-dire que toute la science du monde est renfermée dans votre tête, et vous voulez en savoir plus que tous les grands médecins de notre siècle.

BÉRALDE

Dans les discours et dans les choses[262], ce sont deux sortes de personnes que vos grands médecins. Entendez-les parler, les plus habiles[263] gens du monde ; voyez-les faire, les plus ignorants de tous les hommes.

ARGAN

Hoy ! Vous êtes un grand docteur, à ce que je vois, et je voudrais bien qu'il y eût ici quelqu'un de ces Messieurs pour rembarrer vos raisonnements et rabaisser votre caquet.

BÉRALDE

Moi, mon frère, je ne prends point à tâche de combattre la médecine ; et chacun, à ses périls et fortune, peut croire tout ce qu'il lui plaît. Ce que j'en dis n'est qu'entre nous, et j'aurais souhaité de pouvoir un peu vous tirer de l'erreur où vous êtes, et pour vous divertir vous mener voir sur ce chapitre quelqu'une des comédies de Molière.

---

261 Sens fort de *déplaisir* : profonde douleur, désespoir.
262 Dans les paroles et dans les faits.
263 *Habile* : compétent.

ARGAN

Je voudrais bien, mon frère, qu'il y eût ici quelqu'un de ces Messieurs pour vous tenir tête, pour rembarrer un peu tout ce que vous venez de dire, et vous apprendre à les attaquer[264].

BÉRALDE

Moi, mon frère ? Je ne prétends point les attaquer ; ce que j'en dis n'est qu'entre nous, et que par manière de conversation ; chacun, à ses périls et fortunes[265], en peut croire tout ce qu'il lui plaira.

ARGAN

Voyez-vous, mon frère, ne me parlez plus contre ces gens-là : ils me tiennent trop au cœur, vous ne faites que m'échauffer et augmenter mon mal.

BÉRALDE

Soit, je le veux bien ; mais je souhaiterais seulement, pour vous désennuyer[266], vous mener voir un de ces jours représenter une des comédies de Molière sur ce sujet.

---

264 C'est-à-dire : et vous punir de les attaquer.
265 À ses risques et périls.
266 Pour vous tirer de votre douleur, de votre tourment.

ARGAN

C'est un bon impertinent que votre Molière avec ses comédies[267], et je le trouve bien plaisant d'aller jouer d'honnêtes gens comme les médecins.

BÉRALDE   [T iiij] [224]

Ce ne sont point les médecins qu'il joue, mais le ridicule de la médecine.

ARGAN

C'est bien à lui à faire de se mêler de contrôler[268] la médecine ; voilà un bon nigaud, un bon impertinent, de se moquer des consultations et des ordonnances, de s'attaquer au corps des médecins, et d'aller mettre sur son théâtre des personnes vénérables comme ces Messieurs-là.

ARGAN

Ce sont de plaisants impertinents que vos comédiens, avec leurs comédies de Molière ; c'est bien à faire à eux à se moquer de la médecine. Ce sont de bons nigauds, et je les trouve bien ridicules de mettre sur leur théâtre de vénérables Messieurs comme ces Messieurs-là.

---

267 Avec ses comédies médicales (*L'Amour médecin*, *Le Médecin malgré lui*, *Monsieur de Pourceaugac*), Molière n'est qu'un malavisé ridicule (*bon impertinent*), selon Argan. Toute la critique de la médecine menée ici par Béralde est nourrie de la pensée de Montaigne.

268 C'est bien à lui qu'il appartient de se mêler de contrôler. L'expression est lourde, voire pléonastique.

BÉRALDE

Que voulez-vous qu'il y mette que les diverses professions des hommes ? On y met bien tous les jours les princes et les rois, qui sont d'aussi bonne maison que les médecins.

ARGAN

Par la mort non de diable[269] ! si j'étais que des médecins je me vengerais de son impertinence, et quand il sera malade, je le laisserais mourir sans secours. Il aurait beau faire et beau dire, je ne lui ordonnerais pas la moindre petite saignée, le moindre petit lavement, et je lui dirais : « Crève, crève, cela t'apprendra une autre fois à te jouer à la Faculté ! »

BÉRALDE

Vous voilà bien en colère contre lui.

BÉRALDE

Que voulez-vous qu'ils y mettent que les diverses professions des hommes ? Nous y voyons bien tous les jours des princes et des rois qui sont du moins d'aussi bonne maison que les médecins.

ARGAN

Par la mort non d'un diable, je les attraperais bien quand ils seraient malades ; ils auraient beau me prier, je prendrais plaisir à les voir souffrir, je ne voudrais pas les soulager en rien, je ne leur ordonnerais pas la moindre petite saignée, le moindre petit lavement ; je me vengerais bien de leur insolence, et leur dirais : « Crevez, crevez, crevez, mes petits Messieurs, cela vous apprendra à vous moquer une autre fois de la Faculté. »

BÉRALDE

Ils ne s'exposent point à de pareilles épreuves, et ils savent très bien se guérir eux-mêmes lorsqu'ils sont malades.

---

269 Cette forme du juron évite le blasphème *Par la mort de Dieu.* Comprendre : « Par la mort de Dieu, non, de diable ! », la forme définitive supprimant le nom de Dieu et gardant la trace de la correction.

ARGAN

Oui, c'est un malavisé, et si les médecins sont sages, ils feront ce que je dis.

BÉRALDE

Il sera encore plus sage que vos médecins, car il ne leur demandera point de secours.

ARGAN

Tant pis pour lui s'il n'a point recours aux remèdes.

BÉRALDE   [225]

Il a ses raisons pour n'en point vouloir, et il soutient que cela n'est permis qu'aux gens vigoureux et robustes, et qui ont des forces de reste pour porter les remèdes avec la maladie ; mais que, pour lui, il n'a justement de la force que pour porter son mal[270].

---

270 Montaigne encore, par derrière, dont il faut citer ce long passage de I, XXIV (« Divers événements de même conseil »), éd. Albert Thibaudet, Pléiade, 1950 : « Nous appellons les medecins heureux, quand ils arrivent à quelque bonne fin : comme s'il n'y avoit que leur art, qui ne se peut maintenir d'elle [ce féminin et tous ceux qui suivent car Montaigne pense *médecine*, mot féminin, bien qu'il ait écrit au début *art*, mot masculin] mesme, et qui oust les fondemens trop frailes, pour s'appuyer de sa propre force ; et comme s'il n'y avoit qu'elle, qui aye besoin que la fortune preste la main à ses operations. Je croy d'elle tout le pis et le mieux qu'on voudra. Car nous n'avons, Dieu mercy, nul commerce ensemble ; je suis au rebours des autres, car je la mesprise bien tousjours ; mais quand je suis malade, au lieu d'entrer en composition, je commence encore à la haïr et à la craindre ; et respons à ceux qui me pressent de prendre medecine, qu'ils attendent au moins que je suis rendu à mes forces et à ma santé, pour avoir plus de moyen de soustenir l'effort et le hazart de leur breuvage. Je laisse faire nature, et presuppose qu'elle se soit pourveüe de dents et de griffes, pour se défendrez des assaux qui luy viennent, et pour maintenir cette contexture, dequoy elle fuit la dissolution. » (p. 156-157).

ARGAN

Les sottes raisons que voilà ! Tenez, mon frère, ne parlons point de cet homme-là davantage, car cela m'échauffe la bile, et vous me donneriez mon mal.

BÉRALDE

Je le veux bien, mon frère ; et pour changer de discours, je vous dirai que, sur une petite répugnance[271] que vous témoigne votre fille, vous ne devez point prendre les résolutions violentes de la mettre dans un couvent ; que, pour le choix d'un gendre, il ne vous faut pas suivre aveuglément la passion qui vous emporte ; et qu'on doit sur cette matière s'accommoder un peu à l'inclination d'une fille, puisque c'est pour toute la vie, et que de là dépend tout le bonheur d'un mariage.

Scène 4   [226]

MONSIEUR FLEURANT,
une seringue à la main, ARGAN, BÉRALDE

ARGAN

Ah ! mon frère, avec votre permission.

BÉRALDE

Comment, que voulez-vous faire ?

ARGAN

Prendre ce petit lavement-là ; ce sera bientôt fait.

---

271 *Répugnance* : opposition, contradiction.

Scène 4
MONSIEUR FLEURANT,
une seringue à la main, ARGAN, BÉRALDE

MONSIEUR FLEURANT
C'est un petit clystère que je vous apporte ; prenez vite, Monsieur, prenez vite, il est comme il faut, il est comme il faut.

BÉRALDE
Que voulez-vous faire, mon frère ?

ARGAN
Attendez un moment, cela sera bientôt fait.

BÉRALDE
Vous vous moquez. Est-ce que vous ne sauriez être un moment sans lavement ou sans médecine ? Remettez cela à une autre fois, et demeurez un peu en repos.

ARGAN
Monsieur Fleurant, à ce soir, ou à demain au matin.

MONSIEUR FLEURANT, *à Béralde.*
De quoi vous mêlez-vous de vous opposer aux ordonnances de la médecine, et d'empêcher Monsieur de prendre mon clystère ? vous êtes bien plaisant[272] d'avoir cette hardiesse-là.

---

272 *Plaisant* : ridicule.

BÉRALDE
Allez, Monsieur, on voit bien que vous n'avez pas accoutumé de parler à des visages[273].

BÉRALDE
Je crois que vous vous moquez de moi ; eh ! ne sauriez-vous prendre un autre temps[274] ? Allez, Monsieur, revenez une autre fois.

ARGAN
À ce soir, s'il vous plaît, Monsieur Fleurant.

MONSIEUR FLEURANT
De quoi vous mêlez-vous, Monsieur ? Vous êtes bien plaisant d'empêcher Monsieur de prendre son clystère ; sont-ce là vos affaires ?

BÉRALDE
On voit bien, Monsieur, que vous n'avez pas accoutumé de parler à des visages.

---

273 Selon le témoignage des *Lettres nouvelles* de Boursault (1697), dans une première version, la réplique de Béralde aurait été, plus crûment : « Allez, monsieur, allez, on voit bien que vous avez coutume de ne parler qu'à des culs ». Molière aurait ensuite voilé l'obscénité, fidèlement à l'esthétique du temps, qui esquivait le trop cru mais ne répugnait pas à la double entente ni à l'ambivalence.

274 Choisir un autre moment pour prendre votre clystère.

MONSIEUR FLEURANT

On ne doit point ainsi se jouer des remèdes, et me faire perdre mon temps. Je ne suis venu ici que sur une bonne ordonnance, et je vais dire à Monsieur Purgon, comme on m'a empêché d'exécuter ses ordres et de faire ma fonction. Vous verrez, vous verrez…

ARGAN   [227]

Mon frère, vous serez cause ici de quelque malheur.

BÉRALDE

Le grand malheur de ne pas prendre un lavement que Monsieur Purgon a ordonné. Encore un coup, mon frère, est-il possible qu'il n'y ait pas moyen de vous guérir de la maladie des médecins, et que vous vouliez être toute votre vie enseveli dans leurs remèdes ?

ARGAN

Mon Dieu ! mon frère, vous en parlez comme un homme qui se porte bien ; mais, si vous étiez à ma place, vous changeriez bien de langage. Il est aisé de parler contre la médecine, quand on est en pleine santé.

BÉRALDE

Mais quel mal avez-vous ?

ARGAN

Vous me feriez enrager. Je voudrais que vous l'eussiez, mon mal, pour voir si vous jaseriez tant. Ah ! voici Monsieur Purgon.

MONSIEUR FLEURANT

Que voulez-vous dire avec vos visages ? Sachez que je ne perds pas ainsi mes pas, et que je viens ici en vertu d'une bonne ordonnance ; et vous, Monsieur, vous vous repentirez du mépris que vous en faites ; je vais le dire à Monsieur Purgon, vous verrez, vous verrez.

Scène 5
ARGAN, BÉRALDE

ARGAN

Mon frère, vous allez être cause ici de quelque malheur ; et je crains fort que Monsieur Purgon ne se fâche quand il saura que je n'ai pas pris son lavement.

BÉRALDE

Voyez un peu le grand mal de n'avoir pas pris un lavement que Monsieur Purgon a ordonné ; vous ne vous mettriez pas plus en peine si vous aviez commis un crime[275] considérable. Encore un coup, est-il possible qu'on ne vous puisse guérir de la maladie des médecins, et ne vous verrai-je jamais qu'avec un lavement et une médecine dans le corps ?

ARGAN

Mon Dieu ! mon frère, vous parlez comme un homme qui se porte bien ; si vous étiez en ma place, vous seriez aussi embarrassé que moi.

BÉRALDE

Eh bien ! mon frère, faites ce que vous voudrez. Mais j'en reviens toujours là : votre fille n'est point destinée pour un médecin ; et le parti dont je veux vous parler lui est plus convenable.

---

275 *Crime* : faute grave.

ARGAN

Il ne l'est pas pour moi, et cela me suffit ; en un mot elle est promise[276], et elle n'a qu'à se déterminer à cela ou à un couvent.

BÉRALDE

Votre femme n'est pas des dernières à vous donner ce conseil.

ARGAN

Ah ! j'étais bien étonné si l'on ne me parlait pas de la pauvre femme ; c'est toujours elle qui fait tout, il faut que tout le monde en parle.

BÉRALDE

Ah ! j'ai tort, il est vrai : c'est une femme qui a trop d'amitié[277] pour vos enfants, et qui, pour l'amitié qu'elle leur porte, voudrait les voir toutes deux bonnes religieuses.

---

276 Destinée à l'époux que je veux pour elle.
277 Amour, affection.

Scène 5
MONSIEUR PURGON, ARGAN, BÉRALDE, TOINETTE

MONSIEUR PURGON

Je viens d'apprendre là-bas à la porte de jolies nouvelles : qu'on se moque ici de mes ordonnances, et qu'on a fait refus de prendre le remède que j'avais prescrit.

ARGAN   [228]

Monsieur, ce n'est pas...

MONSIEUR PURGON

Voilà une hardiesse bien grande, une étrange[278] rébellion d'un malade contre son médecin.

TOINETTE

Cela est épouvantable.

Scène 6
MONSIEUR PURGON, TOINETTE, ARGAN, BÉRALDE

MONSIEUR PURGON

Qu'est-ce ? on vient de m'apprendre de belles nouvelles. Comment ? Refuser un clystère que j'avais pris plaisir moi-même de composer avec grand soin ?

ARGAN

Monsieur Purgon, ce n'est pas moi, c'est mon frère.

MONSIEUR PURGON

Voilà une étrange rébellion d'un malade contre son médecin.

TOINETTE

Cela est vrai.

---

278 *Étrange* : scandaleuse.

MONSIEUR PURGON

Un clystère que j'avais pris plaisir à composer moi-même.

ARGAN

Ce n'est pas moi...

MONSIEUR PURGON

Inventé, et formé dans toutes les règles de l'art.

TOINETTE

Il a tort.

MONSIEUR PURGON

Et qui devait faire dans des entrailles un effet merveilleux.

ARGAN

Mon frère[279] ?

MONSIEUR PURGON

Le renvoyer avec mépris !

ARGAN

C'est lui...

MONSIEUR PURGON

C'est une action exorbitante[280].

TOINETTE

Cela est vrai.

---

279 L'interrogation peut s'expliquer : Argan se tourne vers son frère et doit lui demander qu'il s'accuse, afin que lui, Argan, soit disculpé aux yeux de Purgon.

280 *Une action exorbitante* choque, scandalise par un caractère exagéré, excessif, hors des normes.

MONSIEUR PURGON

Le renvoyer avec audace ! c'est une action exorbitante.

TOINETTE

Assurément.

MONSIEUR PURGON

Un attentat énorme contre la médecine.

ARGAN

Il est cause...

MONSIEUR PURGON

Un crime de lèse-Faculté[281], qui ne se peut assez punir.

TOINETTE   [229]

Vous avez raison.

MONSIEUR PURGON

Je vous déclare que je romps commerce avec vous[282].

ARGAN

C'est mon frère...

MONSIEUR PURGON

Que je ne veux plus d'alliance avec vous.

---

281 *Lèse-Faculté* est évidemment fabriqué pour l'occasion sur *lèse-majesté* – le crime de lèse-majesté (à l'égard de Dieu ou du roi) étant le plus grave.

282 Purgon rompt toute relation (tout *commerce*) avec Argan, et en particulier rompt le projet de mariage d'Angélique avec son neveu Thomas Diafoirus.

MONSIEUR PURGON

Un attentat énorme contre la médecine.

TOINETTE

Cela est certain.

MONSIEUR PURGON

C'est un crime de lèse-Faculté.

TOINETTE

Vous avez raison

TOINETTE

Vous ferez bien.

MONSIEUR PURGON

Et que, pour finir toute liaison avec vous, voilà la donation, que je faisais à mon neveu en faveur du mariage[283].

ARGAN

C'est mon frère qui a fait tout le mal.

MONSIEUR PURGON

Mépriser mon clystère !

ARGAN

Faites-le venir, je m'en vais le prendre.

MONSIEUR PURGON

Je vous aurais tiré d'affaire avant qu'il fût peu.

---

283 Purgon *déchire* alors « *la donation et en jette les morceaux avec fureur* »
    (didascalie de 1734).

TOINETTE

Il ne le mérite pas.

MONSIEUR PURGON

Je vous aurais dans peu tiré d'affaire, et je ne voulais plus que dix médecines et vingt lavements pour vider le fond du sac.

TOINETTE

Il ne le mérite pas.

MONSIEUR PURGON

Mais puisque vous avez eu l'insolence de mépriser mon clystère,

ARGAN

Eh ! Monsieur Purgon, ce n'est pas ma faute, c'est la sienne.

MONSIEUR PURGON

Que vous vous êtes soustrait de l'obéissance qu'un malade doit à son médecin,

---

MONSIEUR PURGON

J'allais nettoyer votre corps, et en évacuer entièrement les mauvaises humeurs.

ARGAN

Ah ! mon frère !

MONSIEUR PURGON

Et je ne voulais plus qu'une douzaine de médecines, pour vuider le fond du sac.

TOINETTE

Il est indigne de vos soins.

MONSIEUR PURGON   [230]

Mais puisque vous n'avez pas voulu guérir par mes mains,

ARGAN

Ce n'est pas ma faute.

ARGAN

Ce n'est pas moi, vous dis-je.

MONSIEUR PURGON

Je ne veux plus avoir d'alliance avec vous, et voici le don que je faisais de tout mon bien à mon neveu, en faveur du mariage avec votre fille, que je déchire en mille pièces.

TOINETTE

C'est fort bien fait.

ARGAN

Mon frère, vous êtes cause de tout ceci.

MONSIEUR PURGON

Je ne veux plus prendre soin de vous et être davantage votre médecin.

ARGAN

Je vous demande pardon.

MONSIEUR PURGON

Puisque vous vous êtes soustrait de[284] l'obéissance que l'on doit à son médecin,

TOINETTE

Cela crie vengeance.

MONSIEUR PURGON

Puisque vous vous êtes déclaré rebelle aux remèdes que je vous ordonnais,

ARGAN

Hé ! point du tout.

MONSIEUR PURGON

J'ai à vous dire que je vous abandonne à votre mauvaise constitution, à l'intempérie[285] de vos entrailles, à la corruption de votre sang, à l'âcreté de votre bile et à la féculence[286] de vos humeurs.

TOINETTE

C'est fort bien fait.

ARGAN

Mon Dieu !

---

284 *Se soustraire de* comme « se soustraire à ».
285 Sur *l'intempérie* des humeurs, voir *supra* la note 211.
286 La *féculence*, en médecine, c'est l'état des humeurs ou du sang impurs, troublés comme par une lie.

MONSIEUR PURGON

Je vous abandonne à votre méchante[287] constitution, à l'intempérie de votre tempérament et à la féculence de vos humeurs[288].

ARGAN

Faites-le venir, je le prendrai devant vous.

MONSIEUR PURGON

Et je veux qu'avant qu'il soit quatre jours, vous deveniez dans un état incurable,

ARGAN

Ah ! miséricorde.

MONSIEUR PURGON

Que vous tombiez dans la bradypepsie[289],

ARGAN

Monsieur Purgon.

MONSIEUR PURGON

De la bradypepsie dans la dyspepsie,

---

287 Mauvaise.

288 Au déséquilibre de votre tempérament (*intempérie*), au dérèglement de votre complexion et à l'impureté (*féculence*) des humeurs qui composent votre corps.

289 Commence ici une formidable série de menaces où sont brandies, en gradation, plusieurs sortes de maladies, de plus en plus effrayantes et menant à la mort. *Bradypepsie*, *dyspepsie* et *apepsie* sont à peu près synonymes et désignent une digestion lente, difficile, voire impossible. Même procédé de gradation avec la *lienterie* (diarrhée qui élimine les aliments trop peu digérés) et la *dysenterie* (« flux de ventre sanguinolent », dit Furetière) ; et enfin, avec *l'hydropisie* (« enflure des membres du corps causée par une eau qui coule entre cuir et chair », selon Furetière). La série des maladies en -*ie* est couronnée avec *la privation de la vie* où, faute d'un nom de maladie, la périphrase (pour la mort) récupère *in extremis* l'assonance voulue.

MONSIEUR PURGON

Je veux que dans peu vous soyez en un état incurable.

ARGAN

Ah ! je suis mort.

MONSIEUR PURGON

Et je vous avertis que vous tomberez dans l'épilepsie,

ARGAN

Monsieur Purgon.

MONSIEUR PURGON

De l'épilepsie dans la phtisie,

ARGAN [231]

Monsieur Purgon.

MONSIEUR PURGON

De la dyspepsie dans l'apepsie,

ARGAN

Monsieur Purgon.

MONSIEUR PURGON

De l'apepsie dans la lienterie,

ARGAN

Monsieur Purgon.

MONSIEUR PURGON

De la lienterie dans la dysenterie,

ARGAN

Monsieur Purgon.

MONSIEUR PURGON

De la phtisie dans la bradypepsie,

ARGAN

Doucement, Monsieur Purgon.

MONSIEUR PURGON

De la bradypepsie dans la lienterie,

ARGAN

Ah ! Monsieur Purgon.

MONSIEUR PURGON

De la lienterie dans la dysenterie,

ARGAN

Monsieur Purgon.

MONSIEUR PURGON

De la dysenterie dans l'hydropisie,

ARGAN

Monsieur Purgon.

MONSIEUR PURGON

Et de l'hydropisie dans la privation de la vie, où vous aura conduit votre folie.

ARGAN

Mon pauvre Monsieur Purgon !

MONSIEUR PURGON

De la dysenterie dans l'hydropisie,

ARGAN

Monsieur Purgon.

MONSIEUR PURGON

De l'hydropisie dans l'apoplexie,

ARGAN

Monsieur Purgon !

MONSIEUR PURGON

De l'apoplexie dans la privation de la vie, où vous aura conduit votre folie.

Scène 6

ARGAN, BÉRALDE

ARGAN

Ah! mon Dieu! je suis mort. Mon frère, vous m'avez perdu.

BÉRALDE

Quoi ? qu'y a-t-il ?

ARGAN   [232]

Je n'en puis plus. Je sens déjà que la médecine se venge.

BÉRALDE

Ma foi, mon frère, vous êtes fou, et je ne voudrais pas, pour beaucoup de choses, qu'on vous vît faire ce que vous faites. Tâtez-vous un peu, je vous prie ; revenez à vous-même et ne donnez point tant à votre imagination.

ARGAN

Vous voyez, mon frère, les étranges maladies, dont il m'a menacé.

Scène 7
ARGAN, BÉRALDE

ARGAN

Ah! c'en est fait de moi, je suis perdu, je n'en puis revenir; ah!
je sens déjà que la médecine se venge.

BÉRALDE

Sérieusement, mon frère, vous n'êtes pas raisonnable, et je ne voudrais pas qu'il y eût ici personne[290] qui vous vît faire ces extravagances.

ARGAN

Vous avez beau dire, toutes ces maladies en *-ies* me font trembler,
et je les ai toutes sur le cœur.

---

290 Quelqu'un (sens positif de *personne*).

BÉRALDE

Le simple homme que vous êtes !

ARGAN

Il dit que je deviendrai incurable avant qu'il soit quatre jours.

BÉRALDE

Et ce qu'il dit, que fait-il à la chose ? Est-ce un oracle qui a parlé ? Il semble, à vous entendre, que Monsieur Purgon tienne dans ses mains le filet de vos jours[291], et que d'autorité suprême il vous l'allonge et vous le raccourcisse comme il lui plaît. Songez que les principes de votre vie sont en vous-même, et que le courroux de Monsieur Purgon est aussi peu capable de vous faire mourir que ses remèdes de vous faire vivre. Voici une aventure, si vous voulez, à[292] vous défaire des médecins, ou, si vous êtes né à ne pouvoir[293] vous en passer, il est aisé d'en avoir un autre, avec lequel, mon frère, vous puissiez courir un peu moins de risque.

BÉRALDE

Le simple homme que vous êtes ! Comme si Monsieur Purgon tenait entre ses mains le fil de votre vie, et qu'il pût l'allonger ou l'accourcir comme bon lui semblerait ; détrompez-vous, encore une fois, et sachez qu'il y peut encore moins qu'à vous guérir lorsque vous êtes malade.

ARGAN

Il dit que je deviendrai incurable.

---

291 *Le filet de vos jours* est le fil ténu de votre vie que tiennent en mains les Parques fileuses – et non le médecin Purgon !
292 Une aventure propre à.
293 Si vous êtes né tel que vous ne pouvez.

ARGAN

Ah! mon frère, il sait tout mon tempérament, et la manière dont il faut me gouverner.

BÉRALDE   [233]

Il faut vous avouer[294] que vous êtes un homme d'une grande prévention, et que vous voyez les choses avec d'étranges yeux.

Scène 7

TOINETTE, ARGAN, BÉRALDE

TOINETTE

Monsieur, voilà un médecin qui demande à vous voir.

___

BÉRALDE

Dans le vrai, vous êtes un homme d'une grande prévention; et lorsque vous vous êtes mis quelque chose dans l'esprit, difficilement peut-on l'en chasser.

ARGAN

Que ferai-je, mon frère, à présent qu'il m'a abandonné, et où trouverais-je un médecin qui me puisse traiter aussi bien que lui?

BÉRALDE

Mon Dieu! mon frère, puisque c'est une nécessité pour vous d'avoir un médecin, l'on vous en trouvera un du moins aussi habile, qui n'ira pas si vite, avec qui vous courrez moins de risque, et qui prendra plus de précaution aux remèdes qu'il vous ordonnera.

ARGAN

Ah! mon frère, il connaissait mon tempérament, et savait mon mal mieux que moi-même.

___

294 Je dois vous dire franchement.

Scène 8
TOINETTE, ARGAN, BÉRALDE

TOINETTE

Monsieur, il y a un médecin à la porte qui souhaite parler à vous.

ARGAN

Et quel médecin ?

TOINETTE

Un médecin de la médecine.

ARGAN

Je te demande qui il est.

TOINETTE

Je ne le connais pas ; mais il me ressemble comme deux gouttes d'eau, et si je n'étais sûre que ma mère était honnête femme, je dirais que ce serait quelque petit frère, qu'elle m'aurait donné depuis le trépas de mon père.

ARGAN

Fais-le venir.

ARGAN

Quel est-il ce médecin ?

TOINETTE

C'est un médecin de la médecine qui me ressemble comme deux gouttes d'eau ; et si je ne savais que ma mère était honnête femme, je croirais que ce serait quelque petit frère qu'elle m'aurait donné depuis le trépas de mon père.

ARGAN

Dis-lui qu'il prenne la peine d'entrer ; c'est sans doute un médecin qui vient de la part de Monsieur Purgon, pour nous bien remettre ensemble ; il faut voir ce que c'est, et ne pas laisser échapper une si belle occasion de me raccommoder avec lui.

BÉRALDE

Vous êtes servi à souhait. Un médecin vous quitte, un autre se présente.

ARGAN

J'ai bien peur que vous ne soyez cause de quelque malheur.

BÉRALDE   [Tome VIII. V] [234]

Encore! Vous en revenez toujours là?

ARGAN

Voyez-vous, j'ai sur le cœur toutes ces maladies-là que je ne connais point, ces...

Scène 8
TOINETTE, *en médecin*[295], ARGAN, BÉRALDE

TOINETTE

Monsieur, agréez que je vienne vous rendre visite, et vous offrir mes petits services pour toutes les saignées, et les purgations, dont vous aurez besoin.

Scène 9
TOINETTE, *en habit de médecin*, ARGAN, BÉRALDE

TOINETTE *médecin.*

Monsieur, quoique je n'aie pas l'honneur d'être connu de vous, ayant appris que vous êtes malade, je viens vous offrir mon service pour toutes les purgations et les saignées dont vous aurez besoin.

---

295 Toinette va reprendre l'étourdissant jeu scénique du *Médecin volant*, où, par des changements rapides de costumes, le même Sganarelle fait croire à Gorgibus qu'il est deux personnages tour à tour : valet et médecin. Toinette sera plus burlesque et donc moins convaincante, et Argan moins crédule!

ARGAN

Monsieur, je vous suis fort obligé. Par ma foi, voilà
Toinette elle-même.

TOINETTE

Monsieur, je vous prie de m'excuser, j'ai oublié de donner une commission à mon valet ; je reviens tout à l'heure.

ARGAN

Eh ! ne diriez-vous pas que c'est effectivement Toinette ?

BÉRALDE

Il est vrai que la ressemblance est tout à fait grande. Mais
ce n'est pas la première fois qu'on a vu de ces sortes de choses,
et les histoires ne sont pleines que de ces jeux de la nature.

ARGAN   [235]

Pour moi, j'en suis surpris, et ...

ARGAN

Ma foi ! mon frère, c'est Toinette elle-même.

TOINETTE *médecin.*

Monsieur, je vous demande pardon, j'ai un petite affaire en ville ;
permettez-moi d'y envoyer mon valet, que j'ai laissé à votre porte,
dire que l'on m'attende. (*Elle sort.*)

ARGAN

Je crois sûrement que c'est elle ; qu'en croyez-vous ?

BÉRALDE

Pourquoi voulez-vous cela ? sont-ce les premiers qui ont quelque
ressemblance ? et ne voyons-nous pas souvent arriver de ces sortes
de choses ?

Scène 9

TOINETTE, ARGAN, BÉRALDE

TOINETTE *quitte son habit de médecin*
si promptement qu'il est difficile de croire
que ce soit elle qui a paru en médecin.
Que voulez-vous, Monsieur ?

ARGAN

Comment ?

TOINETTE

Ne m'avez-vous pas appelée ?

ARGAN

Moi ? non.

TOINETTE

Il faut donc que les oreilles m'aient corné.

TOINETTE *quitte son habit de médecin si promptement*
pour paraître devant son maître à son ordinaire,
qu'il est difficile de croire que ce soit elle qui a paru en médecin.
Que voulez-vous, Monsieur ?

ARGAN

Quoi ?

TOINETTE

Ne m'avez-vous pas appelée ?

ARGAN

Moi ? tu te trompes.

TOINETTE

Il faut que les oreilles m'aient corné.

ARGAN

Demeure un peu ici pour voir comme ce médecin te ressemble.

TOINETTE, *en sortant dit :*

Oui, vraiment, j'ai affaire là-bas, et je l'ai assez vu.

ARGAN

Si je ne les voyais tous deux, je croirais que ce n'est qu'un.

BÉRALDE

J'ai lu des choses surprenantes de ces sortes de ressemblances, et nous en avons vu de no[V ij] [236]tre temps, où tout le monde s'est trompé.

ARGAN

Pour moi j'aurais été trompé à celle-là, et j'aurais juré que c'est la même personne.

ARGAN

Demeure, demeure, pour ce médecin qui te ressemble si fort.

TOINETTE

Ah ! vraiment oui ; je l'ai assez vu.
(*Elle sort et va reprendre l'habit de médecin.*)

ARGAN

Ma foi ! mon frère, cela est admirable, et je ne le croirais pas, si je ne les voyais tous deux ensemble.

BÉRALDE

Cela n'est point si surprenant, notre siècle nous en fournit plusieurs exemples ; et vous devez, ce me semble, vous souvenir de quelques-uns qui ont fait tant de bruit au monde.

Scène 10
TOINETTE, *en médecin*, ARGAN, BÉRALDE

TOINETTE

Monsieur, je vous demande pardon de tout mon cœur.

ARGAN

Cela est admirable !

TOINETTE

Vous ne trouverez pas mauvais[296], s'il vous plaît, la curiosité que j'ai eue de voir un illustre malade comme vous êtes ; et votre réputation, qui s'étend partout, peut excuser la liberté que j'ai prise.

TOINETTE *médecin*.

Monsieur, excusez-moi, s'il vous plaît.

ARGAN

Je ne puis sortir de mon étonnement, et il semble que c'est elle-même.

TOINETTE *médecin*.

Je suis un médecin passager, courant de villes en villes, et de royaumes en royaumes pour chercher d'illustres malades, et pour trouver d'amples matières à ma capacité. Je ne suis pas de ces médecins d'ordinaire, qui ne s'amusent qu'à des bagatelles de fiévrottes, de rhumatismes, de migraines, et autres maladies de peu de conséquence : je veux de bonnes fièvres continues, avec des transports au cerveau, de bonnes oppressions de poitrine, de bons maux de côté, de bonnes fièvres pourprées, de bonnes véroles, de bonnes pestes. C'est là où je me plais ; c'est là où je triomphe ; et je voudrais, Monsieur que vous

---

296 On remarquera le masculin et l'absence d'accord avec le féminin *curiosité*. C'est que *trouver mauvais* est à considérer comme locution inséparable et invariable : vous ne prendrez pas mal la curiosité.

eussiez toutes ces maladies ensemble, que vous fussiez abandonné de tous les médecins, et à l'agonie, pour vous montrer la longue et grande expérience que j'ai dans notre art, et la passion que j'ai de vous rendre service.

ARGAN

Monsieur, je suis votre serviteur.

TOINETTE

Je vois, Monsieur, que vous me regardez fixement. Quel âge croyez-vous bien que j'aie ?

ARGAN

Je crois que tout au plus vous pouvez avoir vingt-six ou vingt-sept ans.

TOINETTE

Ah ! ah ! ah ! ah ! ah ! j'en ai quatre-vingt-dix.

ARGAN   [237]

Quatre-vingt-dix ?

TOINETTE

Oui. Vous voyez un effet des secrets de mon art, de me conserver ainsi frais et vigoureux.

ARGAN

Par ma foi ! voilà un beau jeune vieillard pour quatre-vingt-dix ans.

ARGAN

Je vous suis trop obligé, Monsieur ; cela n'est point nécessaire.

TOINETTE *médecin.*

Je vois que vous me regardez fixement ; quel âge croyez-vous bien que j'aie ?

ARGAN

Je ne le puis savoir au juste ; pourtant vous avez bien vingt-sept ou vingt-huit ans au plus.

TOINETTE *médecin.*

Bon, j'en ai quatre-vingt-dix.

ARGAN

Quatre-vingt-dix ? voilà un beau jeune vieillard.

TOINETTE

Je suis médecin passager[297], qui vais de ville en ville, de province en province, de royaume en royaume, pour chercher d'illustres matières à ma capacité, pour trouver des malades dignes de m'occuper, capables d'exercer[298] les grands et beaux secrets que j'ai trouvés dans la médecine. Je dédaigne de m'amuser[299] à ce menu fatras de maladies ordinaires, à ces bagatelles de rhumatisme et défluxions[300], à ces fiévrottes, à ces vapeurs, et à ces migraines. Je veux des maladies d'importance, de bonnes fièvres continues avec des transports au cerveau, de bonnes fièvres pourprées[301], de bonnes pestes, de bonnes hydropisies formées, de bonnes pleurésies avec des inflammations de poitrine ; c'est là que je me plais, c'est là que je triomphe ; et je voudrais, Monsieur, que vous eussiez toutes les maladies que je viens de dire, que vous fussiez abandonné de tous les médecins, désespéré, à l'agonie, pour vous montrer l'excellence de mes remèdes, et l'envie que j'aurais de vous rendre service.

ARGAN

Je vous suis obligé, Monsieur, des bontés que vous avez pour moi.

---

297 À côté des médecins officiels de la Faculté de Paris, la ville voyait toutes sortes de médecins de passage, de médecins ambulants, parmi bien d'autres charlatans en qui l'on croyait.

298 *Exercer* : mettre à l'épreuve.

299 *S'amuser* : s'attarder, perdre son temps.

300 *Défluxion* : « fluxion sur quelque partie du corps » (*Dictionnaire de l'Académie*, 1694). Une fluxion est un afflux de sang, une congestion.

301 *Fièvres pourprées* : des fièvres qui s'accompagnent de taches de couleur pourpre, rouges sur la peau.

TOINETTE

Donnez-moi votre pouls. Allons donc, que l'on batte comme il faut. Ahy, je vous ferai bien al[V iij] [238]ler comme vous devez. Hoy, ce pouls-là fait l'impertinent ; je vois bien que vous ne me connaissez pas encore. Qui est votre médecin ?

TOINETTE *médecin.*

Oui, quatre-vingt-dix ans, et j'ai su me maintenir toujours frais et jeune, comme vous voyez, par la vertu et la bonté de mes remèdes. Donnez-moi votre pouls. Allons donc, voilà un pouls bien impertinent ; ah ! je vois bien que vous ne me connaissez pas encore, je vous ferai bien aller comme il faut. Qui est votre médecin ?

ARGAN

Monsieur Purgon.

TOINETTE

Cet homme-là n'est point écrit sur les tablettes entre les grands médecins. De quoi, dit-il, que vous êtes malade ?

ARGAN

Il dit que c'est du foie, et d'autres[302] disent que c'est de la rate.

TOINETTE

Ce sont tous des ignorants, c'est du poumon que vous êtes malade.

ARGAN

Monsieur Purgon.

TOINETTE *médecin*.

Monsieur Purgon ? ce nom ne m'est point connu, et n'est point écrit sur mes tablettes dans le rang des grands et fameux médecins qui y sont ; quittez-moi cet homme, ce n'est point du tout votre affaire, il faut que ce soit peu de choses ; je veux vous en donner un de ma main.

ARGAN

On le tient pourtant en grande réputation.

TOINETTE *médecin*.

De quoi dit-il que vous êtes malade ?

ARGAN

Il dit que c'est de la rate ; d'autres disent que c'est du foie.

---

302 Les Diafoirus.

TOINETTE *médecin.*

L'ignorant ! c'est du poumon que vous êtes malade.

ARGAN

Du poumon ?

ARGAN

Du poumon ?

TOINETTE

Oui. Que sentez-vous ?

ARGAN

Je sens de temps en temps des douleurs de tête.

TOINETTE

Justement, le poumon.

ARGAN

Il me semble parfois que j'ai un voile devant les yeux.

TOINETTE

Le poumon.

ARGAN

J'ai quelquefois des maux de cœur.

TOINETTE

Le poumon.

ARGAN

Je sens parfois des lassitudes par tous les membres.

TOINETTE   [239]

Le poumon.

ARGAN

Et quelquefois il me prend des douleurs dans le ventre,
comme si c'était des coliques.

TOINETTE

Le poumon. Vous avez appétit à ce que vous mangez ?

ARGAN

Oui, Monsieur.

TOINETTE

Le poumon. Vous aimez à boire un peu de vin ?

ARGAN

Oui, Monsieur.

TOINETTE

Le poumon. Il vous prend un petit sommeil après le
repas, et vous êtes bien aise de dormir ?

TOINETTE *médecin*.

Oui, du poumon ; n'avez-vous pas grand appétit à ce que vous mangez ?

ARGAN

Eh ! oui.

TOINETTE *médecin*.

C'est justement le poumon. Ne trouvez-vous pas le vin bon ?

ARGAN

Oui.

TOINETTE *médecin*.

Le poumon. Ne rêvez-vous point pendant la nuit ?

ARGAN

Oui, oui, même assez souvent.

TOINETTE *médecin*.

Le poumon. Ne faites-vous point un petit sommeil après le repas ?

ARGAN

Oui, Monsieur.

TOINETTE

Le poumon, le poumon, vous dis-je. Que vous ordonne votre médecin pour votre nourriture ?

ARGAN

Il m'ordonne du potage.

TOINETTE

Ignorant.

ARGAN

De la volaille.

ARGAN

Ah ! oui, tous les jours.

TOINETTE *médecin*.

Le poumon, le poumon, vous dis-je.

ARGAN

Ah ! mon frère, le poumon.

TOINETTE *médecin*.

Que vous ordonne-t-il de manger ?

ARGAN

Du potage.

TOINETTE *médecin*.

L'ignorant !

TOINETTE

Ignorant.

ARGAN

Du veau.

TOINETTE

Ignorant.

ARGAN   [240]

Des bouillons.

TOINETTE

Ignorant.

ARGAN

Des œufs frais.

TOINETTE

Ignorant.

ARGAN

De prendre force bouillons.

TOINETTE *médecin.*

L'ignorant !

ARGAN

Du bouilli.

TOINETTE *médecin.*

L'ignorant !

ARGAN

Du veau et des poulets.

TOINETTE *médecin.*

L'ignorant !

ARGAN

Et le soir de petits pruneaux pour lâcher le ventre.

TOINETTE

Ignorant.

ARGAN

Et surtout de boire mon vin fort trempé[303].

TOINETTE

Ignorantus, ignoranta, ignorantum. Il faut boire votre vin pur ; et pour épaissir votre sang qui est trop subtil, il faut manger de bon gros bœuf, de bon gros porc, de bon fromage de Hollande, du gruau et du riz, et des marrons et des oublies[304], pour coller et conglutiner. Votre médecin est une bête. Je veux vous en envoyer un de ma main, et je viendrai vous voir de temps en temps, tandis que je serai en cette ville.

ARGAN

Vous m'obligez beaucoup.

ARGAN

Et le soir de petits pruneaux pour lâcher le ventre.

TOINETTE *médecin.*

Ignorantus, ignoranta, ignorantum. Et moi, je vous ordonne de bon gros pain bis, de bon gros bœuf, de bons gros pois, de bon fromage d'Hollande ; et afin que vous ne crachiez plus, des marrons et des oublies, pour coller et conglutiner.

ARGAN

Mais voyez un peu, mon frère, quelle ordonnance.

---

303 « *Tremper son vin* : c'est le boire avec beaucoup d'eau » (Furetière).
304 *L'oublie* est une « pâtisserie ronde, déliée et cuite entre deux fers »(Furetière).
     À l'égal des autres aliments énumérés, les oublies font joindre entre elles
     des parties organiques.

TOINETTE

Que diantre faites-vous de ce bras-là ?

ARGAN

Comment ?

TOINETTE

Voilà un bras que je me ferais couper tout à l'heure, si j'étais que de vous.

ARGAN

Et pourquoi ?

TOINETTE   [241]

Ne voyez-vous pas qu'il tire à soi toute la nourriture, et qu'il empêche ce côté-là de profiter ?

TOINETTE *médecin*.

Croyez-moi, exécutez-là, vous vous en trouverez bien. À propos, je m'aperçois ici d'une chose. Dites-moi, Monsieur, que faites-vous de ce bras-là ?

ARGAN

Ce que j'en fais ? la belle demande !

TOINETTE *médecin*.

Si vous me croyez, vous vous le ferez couper tout à l'heure[305].

ARGAN

Et la raison ?

TOINETTE *médecin*.

Ne voyez-vous pas qu'il attire à lui toute la nourriture, et qu'il empêche l'autre côté de profiter ?

---

305 Tout de suite.

ARGAN

Oui ; mais j'ai besoin de mon bras.

TOINETTE

Vous avez-là aussi un œil droit que je me ferais crever, si j'étais en votre place.

ARGAN

Crever un œil ?

TOINETTE

Ne voyez-vous pas qu'il incommode l'autre, et lui dérobe sa nourriture ? Croyez-moi, faites-vous-le crever au plus tôt, vous en verrez plus clair de l'œil gauche.

ARGAN

Cela n'est pas pressé.

ARGAN

Eh ! je ne me soucie pas de cela, j'aime bien mieux les avoir tous deux.

TOINETTE *médecin.*

Si j'étais aussi en votre place, je me ferais crever cet œil-ci tout à l'heure.

ARGAN

Et pourquoi le faire crever ?

TOINETTE *médecin.*

N'en verrez-vous pas une fois plus clair de l'autre ? Faites-le, vous dis-je, et tout à présent.

ARGAN

Je suis votre serviteur[306], j'aime beaucoup mieux ne voir pas si clair de l'un, et n'en avoir point de manque.

---

306 Formule de refus.

TOINETTE

Adieu. Je suis fâché de vous quitter si tôt ; mais il faut que je me trouve à une grande consultation qui se doit faire pour un homme qui mourut hier.

ARGAN

Pour un homme qui mourut hier ?

TOINETTE

Oui, pour aviser, et voir ce qu'il aurait fallu lui faire pour le guérir. Jusqu'au revoir.

ARGAN

Vous savez que les malades ne reconduisent point.

BÉRALDE

Voilà un médecin vraiment, qui paraît fort habile.

TOINETTE *médecin.*

Excusez-moi, Monsieur, si je suis obligé de vous quitter si tôt ; je vous verrai quelquefois pendant le séjour que je ferai en cette ville ; mais je suis obligé de me trouver aujourd'hui à une consultation qui se doit faire pour un malade qui mourut hier.

ARGAN

Pourquoi une consultation pour un malade qui mourut hier ?

TOINETTE *médecin.*

Pour aviser aux remèdes qu'il eût fallu lui faire pour le guérir, et s'en servir dans une semblable occasion.

ARGAN

Monsieur, je ne vous reconduis point, vous savez que les malades en sont exempts.

BÉRALDE

Eh bien ! mon frère, que dites-vous de ce médecin ?

ARGAN

Oui, mais il va un peu bien vite.

BÉRALDE   [Tome VIII X] [242]

Tous les grands médecins sont comme cela.

ARGAN

Me couper un bras, et me crever un œil, afin que l'autre se porte mieux ? J'aime bien mieux qu'il ne se porte pas si bien. La belle opération, de me rendre borgne et manchot !

Scène 11

TOINETTE, ARGAN, BÉRALDE

TOINETTE

Allons, allons, je suis votre servante[307]. Je n'ai pas envie de rire.

ARGAN

Comment diable ? il me semble qu'il va bien vite en besogne.

BÉRALDE

Comme font tous ces grands médecins, et il ne le serait pas s'il faisait autrement.

ARGAN

Couper un bras, crever un œil ! voyez quelle plaisante opération de me faire borgne et manchot.

TOINETTE, *rentrant après avoir quitté l'habit de médecin.*

Doucement, doucement, Monsieur le médecin ; modérez, s'il vous plaît, votre appétit.

---

307 Toinette feint de parler à quelqu'un (le médecin imaginaire qu'elle a inventé et joué), et de le congédier en repoussant ses gestes indécents. Car, en fait de « tâter le pouls », on comprend que le pseudo-médecin voulait caresser le sein de la servante.

ARGAN

Qu'est-ce que c'est ?

TOINETTE

Votre médecin, ma foi ! qui me voulait tâter le pouls.

ARGAN

Voyez un peu, à l'âge de quatre-vingt-dix ans !

BÉRALDE

Oh çà ! mon frère, puisque voilà votre Monsieur Purgon brouillé avec vous, ne voulez-vous pas bien que je vous parle du parti qui s'offre pour ma nièce ?

ARGAN

Qu'as-tu donc, Toinette ?

TOINETTE

Vraiment votre médecin veut rire, ma foi ! il a voulu mettre sa main sur mon sein en sortant.

ARGAN

Cela est étonnant, à son âge ; qui pourrait croire cela, qu'à quatre-vingt-dix ans l'on fût encore si gaillard ?

BÉRALDE

Enfin, mon frère, puisque vous avez rompu avec Monsieur Purgon, qu'il n'y a plus d'espérance d'y pouvoir renouer, et qu'il a déchiré les articles d'entre son neveu et votre fille, rien ne vous peut plus empêcher d'accepter le parti que je vous propose pour ma nièce : c'est un ...

ARGAN

Non, mon frère ; je veux la mettre dans un couvent, puisqu'elle s'est opposée à mes volontés. Je vois bien qu'il y a quelque amourette là-dessous, et j'ai découvert certaine entrevue secrète, qu'on ne sait pas que j'aie découverte[308].

BÉRALDE   [243]

Eh bien ! mon frère, quand il y aurait quelque petite inclination, cela serait-il si criminel, et rien peut-il vous offenser, quand tout ne va qu'à des choses honnêtes, comme le mariage ?

ARGAN

Quoi qu'il en soit, mon frère, elle sera religieuse, c'est une chose résolue.

BÉRALDE

Vous voulez faire plaisir à quelqu'un.

ARGAN

Je vous entends. Vous en revenez toujours là, et ma femme vous tient au cœur.

ARGAN

Je vous prie, mon frère, ne parlons point de cela ; je sais bien ce que j'ai à faire, et je la mettrai dès demain dans un couvent.

BÉRALDE

Vous voulez faire plaisir à quelqu'un.

ARGAN

Ô çà ! voilà encore la pauvre femme en jeu.

---

308 Le subjonctif peut être entraîné par la négation *on ne sait pas* ; mais l'usage moderne mettrait un indicatif.

BÉRALDE

Eh bien! oui, mon frère, puisqu'il faut parler à cœur ouvert, c'est votre femme que je veux dire; et non plus que l'entêtement de la médecine, je ne puis vous souffrir l'entêtement où vous êtes pour elle, et voir que vous donniez tête baissée dans tous les pièges qu'elle vous tend.

TOINETTE

Ah! Monsieur, ne parlez point de Madame, c'est une femme sur laquelle il n'y a rien à dire, une femme sans artifice, et qui aime Monsieur, qui l'aime... On ne peut pas dire cela.

ARGAN

Demandez-lui un peu les caresses quelle me fait.

TOINETTE

Cela est vrai.

ARGAN

L'inquiétude que lui donne ma maladie.

TOINETTE

Assurément.

ARGAN

Et les soins, et les peines qu'elle prend autour de moi.

BÉRALDE

Eh bien! oui, mon frère; c'est d'elle dont je veux parler; et non plus que l'entêtement des médecins, je ne puis supporter celui que vous avez pour elle.

ARGAN

Vous ne la connaissez pas, mon frère ; c'est une femme qui a trop d'amitié[309] pour moi. Demandez-lui les caresses qu'elle me fait ; à moins que de les voir on ne le croirait pas.

TOINETTE   [X ij] [244]

Il est certain. Voulez-vous[310] que je vous convainque, et vous fasse voir tout à l'heure comme Madame aime Monsieur ? Monsieur[311], souffrez que je lui montre son bec jaune, et le tire d'erreur.

ARGAN

Comment ?

TOINETTE

Monsieur a raison, et on ne peut pas concevoir l'amitié qu'elle a pour lui ; voulez-vous que je vous fasse voir comme Madame aime Monsieur ?

BÉRALDE

Comment ?

TOINETTE

Eh ! Monsieur, laissez-moi faire, souffrez que je le détrompe et que je lui fasse voir son bec jaune.

ARGAN

Que faut-il faire pour cela ?

---

309 *Amitié* : voir *supra*, la n. 7.
310 Toinette s'adresse à Béralde, qu'elle dit vouloir convaincre de l'affection de Béline pour Argan.
311 Elle s'adresse cette fois à Argan, pour lui demander la permission (*souffrez*) de montrer, dit-elle, son erreur (son *bec jaune*) à Béralde.

TOINETTE

Madame s'en va revenir. Mettez-vous tout étendu dans cette chaise, et contrefaites le mort. Vous verrez la douleur où elle sera, quand je lui dirai la nouvelle.

ARGAN

Je le veux bien.

TOINETTE

Oui, mais ne la laissez pas longtemps dans le désespoir, car elle en pourrait bien mourir.

ARGAN

Laisse-moi faire.

TOINETTE, *à Béralde.*

Cachez-vous, vous, dans ce coin-là.

ARGAN

N'y a-t-il point quelque danger à contrefaire le mort ?

TOINETTE

Non, non. Quel danger y aurait-il ? Étendez-vous là seulement. (*Bas.*) Il y aura plaisir à confondre votre frère. Voici Madame. Tenez-vous bien.

TOINETTE

J'entends Madame qui revient de ville. Vous, Monsieur, cachez-vous dans ce petit endroit, et prenez garde surtout que l'on ne vous voie. Approchons votre chaise, mettez-vous dedans tout de votre long, et contrefaites le mort. Vous verrez, par le regret qu'elle témoignera de votre perte, l'amitié qu'elle vous porte. La voici.

ARGAN

Oui, oui, oui, oui ; bon, bon, bon, bon.

Scène 12   [245]
BÉLINE, TOINETTE, ARGAN, BÉRALDE

TOINETTE *s'écrie.*

Ah ! mon Dieu ! ah ! malheur ! quel étrange accident !

BÉLINE

Qu'est-ce, Toinette ?

TOINETTE

Ah ! Madame !

BÉLINE

Qu'y a-t-il ?

TOINETTE

Votre mari est mort.

Scène 10
BÉLINE, TOINETTE, ARGAN, *contrefaisant le mort,*
BÉRALDE, *caché dans un coin du théâtre.*

TOINETTE, *feignant d'être fort attristée, s'écrie.*

Ah, Ciel ! quelle cruelle aventure[312] ! quel malheur imprévu vient de m'arriver ! Que ferai-je, malheureuse ? et comment annoncer à Madame de si méchantes nouvelles ? Ah ! ah !

BÉLINE

Qu'as-tu, Toinette ?

TOINETTE

Ah, Madame ! quelle perte venez-vous de faire ! Monsieur vient de mourir tout à l'heure[313] subitement ; j'étais seule ici, et il n'y avait personne pour le secourir.

---

312 *L'aventure* est ce qui arrive.
313 À l'instant.

BÉLINE

Mon mari est mort ?

TOINETTE

Hélas ! oui. Le pauvre défunt est trépassé.

BÉLINE

Assurément ?

TOINETTE

Assurément. Personne ne sait encore cet accident-là, et je me suis trouvée ici toute seule. Il vient de passer entre mes bras. Tenez, le voilà tout de son long dans cette chaise.

BÉLINE

Le Ciel en soit loué ! Me voilà délivrée d'un grand far-deau. Que tu es sotte, Toinette, de t'affliger de cette mort !

TOINETTE   [X iij] [246]

Je pensais, Madame, qu'il fallût pleurer.

BÉLINE

Quoi ? mon mari est mort ?

TOINETTE

Hélas ! oui, le pauvre homme défunt est trépassé.

BÉLINE

Le Ciel en soit loué ! me voilà délivrée d'un grand fardeau ! que tu es folle, Toinette, de pleurer !

TOINETTE

Moi, Madame ? et je croyais qu'il fallût pleurer.

BÉLINE

Va, va, cela n'en vaut pas la peine. Quelle perte est-ce que la sienne ? et de quoi servait-il sur la terre ? Un homme incommode à tout le monde, malpropre, dégoûtant, sans cesse un lavement ou une médecine dans le ventre, mouchant, toussant, crachant toujours, sans esprit, ennuyeux, de mauvaise humeur, fatiguant sans cesse les gens, et grondant jour et nuit servantes et valets.

TOINETTE

Voilà une belle oraison funèbre.

BÉLINE

Bon, et je voudrais bien savoir pour quelle raison ai-je fait une si grande perte. Quoi ? pleurer un homme mal bâti, mal fait, sans esprit, de mauvaise humeur, fort âgé, toujours toussant, mouchant, crachant, reniflant, fâcheux, ennuyeux, incommode à tout le monde, grondant sans cesse et sans raison, toujours un lavement ou une médecine dans le corps, de méchante[314] odeur : il faudrait que je n'eusse pas le sens commun.

TOINETTE

Voilà une belle oraison funèbre.

BÉLINE

Il faut, Toinette, que tu m'aides à exécuter mon dessein, et tu peux croire qu'en me servant ta récompense est sûre. Puisque, par un bonheur[315], personne n'est encore averti de la chose, portons-le dans son lit, et tenons cette mort cachée, jusqu'à ce que j'aie fait mon affaire. Il y a des papiers, il y a de l'argent, dont je me veux saisir, et il n'est pas juste que

---

314 Mauvaise.
315 Par bonheur.

j'aie passé sans fruit auprès de lui mes plus belles années. Viens, Toinette, prenons auparavant toutes ses clefs.

ARGAN, se levant brusquement.

Doucement.

BÉLINE, surprise, et épouvantée.

Ahi !

ARGAN

Oui, Madame ma femme, c'est ainsi que vous m'aimez ?

BÉLINE

Je ne prétends pas avoir passé la plus grande partie de ma jeunesse avec lui sans y profiter de quelque chose ; et il faut, Toinette, que tu m'aides à bien faire mes affaires sûrement ; ta récompense est sûre.

TOINETTE

Ah ! Madame, je n'ai garde de manquer à mon devoir.

BÉLINE

Puisque tu m'assures que sa mort n'est sue de personne, saisissons-nous de l'argent, et de tout ce qu'il y a de meilleur ; portons-le dans son lit, et quand j'aurai tout mis à couvert, nous ferons en sorte que quelque autre l'y trouve mort, et ainsi on ne se doutera point de ce que nous aurons fait. Il faut d'abord que je lui prenne ses clefs, qui sont dans cette poche.

ARGAN se lève tout à coup.

Tout beau, tout beau, Madame la carogne[316] ! Ah, ah, je suis ravi d'avoir entendu le bel éloge que vous avez fait de moi : cela m'empêchera de faire bien des choses.

---

316 La *carogne* est une femme débauchée ; mais l'injure reste souvent de sens vague.

TOINETTE

Ah! Ah! le défunt n'est pas mort.

ARGAN, *à Béline, qui sort.*

Je suis bien aise de voir votre amitié, et d'avoir [247] entendu le beau panégyrique que vous avez fait de moi. Voilà un avis au lecteur[317] qui me rendra sage à l'avenir, et qui m'empêchera de faire bien des choses.

BÉRALDE, *sortant de l'endroit où il était caché.*

Eh bien! mon frère, vous le voyez.

TOINETTE

Par ma foi! je n'aurais jamais cru cela. Mais j'entends votre fille; remettez-vous comme vous étiez, et voyons de quelle manière elle recevra votre mort. C'est une chose qu'il n'est pas mauvais d'éprouver; et puisque vous êtes en train, vous connaîtrez par là les sentiments que votre famille a pour vous[318].

TOINETTE

Quoi? le défunt n'est pas mort?

BÉRALDE

Eh bien! mon frère, voyez-vous à présent comme votre femme vous aime?

ARGAN

Ah! vraiment oui, je le vois, je ne le vois que trop.

---

317 « On dit proverbialement quand quelqu'un fait une remontrance à mots couverts, que c'est un *avis au lecteur*, un avertissement dont il faut profiter » (Furetière). Ici, l'avertissement vient des faits constatés grâce à la comédie imaginée par Toinette.

318 Béralde va encore se cacher.

TOINETTE

Je vous jure que j'ai bien été trompée, et je n'eusse jamais cru cela. Mais j'aperçois votre fille. Retournez-vous-en où vous étiez, et vous remettez dans votre chaise : il est bon aussi de l'éprouver, et ainsi vous connaîtrez les sentiments de toute votre famille.

ARGAN

Tu as raison, tu as raison.

Scène 13
ANGÉLIQUE, ARGAN, TOINETTE, BÉRALDE

TOINETTE *s'écrie.*

Ô ciel! ah! fâcheuse aventure! Malheureuse journée!

ANGÉLIQUE

Qu'as-tu, Toinette, et de quoi pleures-tu?

TOINETTE

Hélas! j'ai de tristes nouvelles à vous donner.

ANGÉLIQUE

Hé quoi?

TOINETTE

Votre père est mort.

Scène 11
ANGÉLIQUE, TOINETTE, ARGAN, BÉRALDE

TOINETTE *s'écrie encore.*

Ah! quel étrange[319] accident! mon pauvre maître est mort; que de larmes, que de pleurs il nous va coûter! quel désastre! s'il était encore mort d'une autre manière, on n'en aurait pas tant de regret! Ah! que j'ai de déplaisir[320]; ha, ha, ha!

ANGÉLIQUE

Qu'y a-t-il de nouveau, Toinette, pour te causer tant de gémissements?

TOINETTE

Hélas! votre père est mort.

---

319 *Étrange* : extraordinaire.
320 *Déplaisir* : désespoir.

ANGÉLIQUE   [X iiij] [248]

Mon père est mort, Toinette ?

TOINETTE

Oui, vous le voyez là. Il vient de mourir tout à l'heure d'une faiblesse qui lui a pris.

ANGÉLIQUE

Ô Ciel ! quelle infortune ! quelle atteinte cruelle ! Hélas ! faut-il que je perdre mon père, la seule chose qui me restait au monde ? et qu'encore, pour un surcroît de désespoir, je le perde dans un moment où il était irrité contre moi ? Que deviendrai-je, malheureuse, et quelle consolation trouver après une si grande perte ?

ANGÉLIQUE

Mon père est mort, Toinette ?

TOINETTE

Ah ! il ne l'est que trop, et il vient d'expirer entre mes bras d'une faiblesse qui lui a pris. Tenez, voyez-le, le voilà tout étendu dans sa chaise. Ha, ha.

ANGÉLIQUE

Mon père est mort, et justement dans le temps où il était en colère contre moi, par la résistance que je lui ai faite tantôt en refusant le mari qu'il me voulait donner ? Que deviendrai-je, misérable que je suis ? et comment cacher une chose qui a paru devant tant de personnes ?

Scène 14 ET DERNIÈRE
CLÉANTE, ANGÉLIQUE, ARGAN, TOINETTE, BÉRALDE

CLÉANTE

Qu'avez-vous donc, belle Angélique ? et quel malheur pleurez-vous ?

ANGÉLIQUE

Hélas ! Je pleure tout ce que dans la vie je pouvais perdre de plus cher et de plus précieux. Je pleure la mort de mon père.

CLÉANTE

Ô Ciel ! quel accident ! quel coup inopiné ! Hélas ! après la demande que j'avais conjuré votre oncle de lui faire pour moi, je venais me présenter à lui, et tâcher, par mes respects et par [249] mes prières, de disposer son cœur à vous accorder à mes vœux.

Scène DERNIÈRE
CLÉANTE, ANGÉLIQUE, TOINETTE,
ARGAN, BÉRALDE

CLÉANTE

Juste Ciel ! que vois-je ? dites, qu'avez-vous, belle Angélique ?

ANGÉLIQUE

Ah ! Cléante, ne me parlez plus de rien. Mon père est mort, il faut vous dire adieu pour toujours, et nous séparer entièrement l'un de l'autre.

CLÉANTE

Quelle infortune, grands dieux ! Hélas ! après la demande que j'avais prié votre oncle de lui faire de vous, je venais moi-même me jeter à ses pieds pour faire un dernier effort afin de vous obtenir.

ANGÉLIQUE

Ah ! Cléante, ne parlons plus de rien. Laissons là toutes les pensées du mariage. Après la perte de mon père, je ne veux plus être du monde, et j'y renonce pour jamais. Oui, mon père[321], si j'ai résisté tantôt à vos volontés, je veux suivre du moins une de vos intentions, et réparer par là le chagrin que je m'accuse de vous avoir donné. Souffrez, mon père, que je vous en donne ici ma parole, et que je vous embrasse, pour vous témoigner mon ressentiment[322].

ARGAN *se lève*[323].

Ah ! ma fille.

ANGÉLIQUE, *épouvantée.*

Ahy !

ANGÉLIQUE

Le Ciel ne l'a pas voulu ; vous devez comme moi vous soumettre à ce qu'il veut, et il faut vous résoudre de me quitter pour toujours. Oui, mon père, puisque j'ai été assez infortunée pour ne pas faire ce que vous vouliez de moi pendant votre vie, du moins ai-je dessein de le réparer après votre mort ; je veux exécuter votre dernière volonté, et je vais me retirer dans un couvent pour y pleurer votre mort pendant tout le reste de ma vie. Oui, mon cher père, souffrez que je vous en donne ici les dernières assurances, et que je vous embrasse…

ARGAN *se lève.*

Ah ! ma fille…

ANGÉLIQUE

Ha ! ha ! ha ! ha !

---

321 Angélique doit se jeter aux genoux de son père cru mort.
322 Le *ressentiment* désigne ici le sentiment de l'affection filiale reconnaissante, mêlé au sentiment de la culpabilité pour s'être opposée au père aimé.
323 Et il embrasse sa fille, selon la didascalie de 1734.

ARGAN

Viens. N'aie point de peur, je ne suis pas mort. Va, tu es mon vrai sang, ma véritable fille, et je suis ravi d'avoir vu ton bon naturel.

ANGÉLIQUE

Ah ! quelle surprise agréable, mon père ! Puisque par un bonheur extrême le Ciel vous redonne à mes vœux, souffrez qu'ici je me jette à vos pieds pour vous supplier d'une chose. Si vous n'êtes pas favorable au penchant de mon cœur, si vous me refusez Cléante pour époux, je vous conjure, au moins, de ne me point forcer d'en épouser un autre. C'est toute la grâce que je vous demande.

CLÉANTE *se jette à genoux.*

Eh ! Monsieur, laissez-vous toucher à ses prières et aux miennes ; et ne vous montrez point contraire aux mutuels empressements d'une si belle inclination.

BÉRALDE   [250]

Mon frère, pouvez-vous tenir là-contre ?

ARGAN

Viens, ma chère enfant, que je te baise[324] ; va, je ne suis pas mort ; je vois que tu es ma fille, et je suis bien aise de reconnaître ton bon naturel.

ANGÉLIQUE

Mon père, permettez que je me mette à genoux devant vous, pour vous conjurer que, si vous ne me voulez pas faire la grâce de me donner Cléante pour époux, vous ne me refusiez pas celle de ne m'en pas donner un avec lequel je ne puisse vivre.

---

324 Que je te donne des baisers.

CLÉANTE

Eh ! Monsieur, serez-vous insensible à tant d'amour ? et ne peut-on pas vous attendrir par aucun endroit ?

BÉRALDE

Mon frère, avez-vous à consulter, et ne devriez-vous pas déjà l'avoir donnée aux vœux de Monsieur ?

TOINETTE

Monsieur, serez-vous insensible à tant d'amour ?

ARGAN

Qu'il se fasse médecin, je consens au mariage. Oui, faites-vous[325] médecin, je vous donne ma fille.

CLÉANTE

Très volontiers, Monsieur ; s'il ne tient qu'à cela pour être votre gendre, je me ferai médecin, apothicaire même, si vous voulez. Ce n'est pas une affaire que cela, et je ferais bien d'autres choses pour obtenir la belle Angélique.

BÉRALDE

Mais, mon frère, il me vient une pensée. Faites-vous médecin vous-même. La commodité sera encore plus grande, d'avoir en vous tout ce qu'il vous faut.

---

325 Il s'adresse à Cléante.

TOINETTE

Cela est vrai. Voilà le vrai moyen de vous guérir bientôt ; et il n'y a point de maladie si osée que de se jouer à la personne d'un médecin.

TOINETTE

Comment ! Vous résisterez à de si grandes marques de tendresse ? Là, Monsieur, rendez-vous.

ARGAN

Eh bien ! qu'il se fasse médecin, et je lui donne ma fille.

CLÉANTE

Oui-da, Monsieur, je le veux bien ; apothicaire même si vous voulez. Je ferais encore des choses bien plus difficiles pour avoir la belle Angélique.

BÉRALDE

Mais, mon frère, il me vient une pensée ; faites-vous médecin vous-même plutôt que Monsieur.

ARGAN

Je pense, mon frère, que vous vous moquez de moi.
Est-ce que je suis en âge d'étudier ?

BÉRALDE

Bon, étudier ! Vous êtes assez savant ; et il y en a beaucoup parmi eux, qui ne sont pas plus habiles que vous.

ARGAN

Mais il faut savoir bien parler latin, connaître les maladies, et les remèdes qu'il y faut faire.

BÉRALDE

En recevant la robe et le bonnet de médecin, vous [251]
apprendrez tout cela, et vous serez après plus habile que
vous ne voudrez.

ARGAN

Moi, médecin ?

BÉRALDE

Oui vous, c'est le véritable moyen de vous bien porter ; et il n'y a
aucune maladie, si redoutable qu'elle soit, qui ait l'audace de s'attaquer
à un médecin.

TOINETTE

Tenez, Monsieur, votre barbe y peut beaucoup, et la barbe fait
plus de la moitié d'un médecin.

ARGAN

Vous vous moquez, je crois ; et je ne sais pas un seul mot de latin ;
comment donc faire ?

BÉRALDE

Voilà une belle raison ! Allez, allez, il y en a parmi eux qui en
savent encore moins que vous, et lorsque vous aurez la robe et le
bonnet, vous en saurez plus qu'il ne vous en faut.

ARGAN

Quoi ? l'on sait discourir sur les maladies quand on a cet habit-là ?

BÉRALDE

Oui. L'on n'a qu'à parler avec une robe et un bonnet, tout galimatias devient savant, et toute sottise devient raison.

TOINETTE

Tenez, Monsieur, quand il n'y aurait que votre barbe[326], c'est déjà beaucoup, et la barbe fait plus de la moitié d'un médecin.

CLÉANTE

En tout cas, je suis prêt à tout.

BÉRALDE

Voulez-vous que l'affaire se fasse tout à l'heure[327] ?

ARGAN

Comment, tout à l'heure ?

BÉRALDE

Oui, et dans votre maison.

ARGAN

Dans ma maison ?

CLÉANTE

En tout cas, me voilà prêt à faire ce que l'on voudra.

ARGAN

Mais, mon frère, cela ne se peut faire si tôt.

---

326 En fait, il s'agit de grosses moustaches que portait Molière.
327 Béralde s'adresse à Argan. – *Tout à l'heure* : tout de suite.

BÉRALDE

Oui. Je connais une Faculté de mes amies, qui viendra
tout à l'heure en faire la cérémonie dans votre salle[328]. Cela
ne vous coûtera rien.

ARGAN

Mais moi, que dire, que répondre ?

BÉRALDE

On vous instruira en deux mots, et l'on vous donnera
par écrit ce que vous devez dire. Allez-vous-en vous mettre
en habit décent, je vais les envoyer quérir.

ARGAN

Allons, voyons cela.

CLÉANTE   [252]

Que voulez-vous dire, et qu'entendez-vous avec cette
Faculté de vos amies… ?

TOINETTE

Quel est donc votre dessein ?

BÉRALDE

Tout à présent, si vous voulez ; et j'ai une Faculté de mes amies
fort près d'ici, que j'enverrai quérir pour célébrer la cérémonie. Allez
vous préparer seulement, toutes choses seront bientôt prêtes.

---

328 Selon les érudits, l'idée que les examinateurs de la Faculté de médecine
    pouvaient se déplacer chez un particulier pour la cérémonie de son
    intronisation, en particulier en province, ne serait pas absolument
    invraisemblable. Normalement, à Paris, la cérémonie avait lieu dans le
    grand amphithéâtre de la Faculté de médecine, pour l'occasion décorée.
    Aussi bien, dans notre pièce, une décoration était prévue pour cette
    cérémonie du troisième intermède.

ARGAN

Allons, voyons, voyons.

CLÉANTE

Quel est donc votre dessein ? et que voulez-vous dire avec cette Faculté de vos amies ?

BÉRALDE

De nous divertir un peu ce soir. Les comédiens ont fait un petit intermède de la réception d'un médecin, avec des danses et de la musique ; je veux que nous en prenions ensemble le divertissement, et que mon frère y fasse le premier personnage.

ANGÉLIQUE

Mais, mon oncle, il me semble que vous vous jouez un peu beaucoup de mon père.

BÉRALDE

Mais, ma nièce, ce n'est pas tant le jouer, que s'accommoder à ses fantaisies. Tout ceci n'est qu'entre nous. Nous y pouvons aussi prendre chacun un personnage, et nous donner ainsi la comédie les uns aux autres. Le carnaval autorise cela[329]. Allons vite préparer toutes choses.

BÉRALDE

C'est un intermède de la réception d'un médecin que des comédiens ont représenté ces jours passés ; je les avais fait venir pour le jouer ce soir ici devant nous, afin de nous bien divertir ; et je prétends que mon frère y joue le premier personnage.

ANGÉLIQUE

Mais, mon oncle, il me semble que c'est se railler un peu fortement de mon père.

BÉRALDE

Ce n'est pas tant se railler que de s'accommoder à son humeur, outre que pour lui ôter tout sujet de se fâcher quand il aura reconnu la pièce que nous lui jouons, nous pouvons y prendre chacun un rôle, et jouer en même temps que lui. Allons donc nous habiller.

---

329 De fait, les premières représentations du *Malade imaginaire* se donnèrent à la fin du carnaval.

CLÉANTE, *à Angélique.*

Y consentez-vous ?

ANGÉLIQUE

Oui, puisque mon oncle nous conduit.

Fin du dernier acte.

CLÉANTE *à Angélique.*

Y consentez-vous ?

ANGÉLIQUE

Il le faut bien.

Fin du dernier acte.

TROISIÈME INTERMÈDE

C'est une cérémonie burlesque d'un homme qu'on fait médecin, en récit[330], chant et danse.

ENTRÉE DE BALLET

Plusieurs tapissiers viennent préparer la salle, et placer les bancs en cadence. Ensuite de quoi toute l'assemblée, composée de huit porte-seringues, six apothicaires, vingt-deux docteurs, et celui qui se fait recevoir médecin, huit chirurgiens dansants, et deux chantants, chacun entre et prend ses places, selon son rang.

---

330 Dans la musique ancienne, le *récit* désigne le récitatif (« chant librement déclamé dont la ligne mélodique et le dessin rythmique suivent les inflexions naturelles de la phrase parlée », selon le TLF).

PRAESES[331]

Scavantissimi doctores,
Medicinae professores,
Qui hic assemblati estis,
Et vos altri Messiores,
Sententiarum Facultatis
Fideles executores,
Chirurgiani et apothicari,
Atque toma compagnies aussi,
Salus, honor, et argentum,
Atque bonum appetitum.

Non possum, doc ti confreri,
En moi satis admira ri
Qualis bona inventio

---

331 C'est le Président, qui ouvre la séance. Dans la réalité ce discours louait la médecine et la Faculté ; ici le *Praeses* insiste sur les profits symbolique et matériel du métier (gloire, succès, argent)... Traduction de ce latin de cuisine : « Très savants docteurs, / Professeurs de médecine, / Qui êtes ici assemblés, / Et vous autres Messieurs, / Des sentences de la Faculté / Fidèles exécutants, / Chirurgiens et apothicaires, / Et toute la compagnie aussi, / Salut, honneur, et argent, / Et bon appétit. » // « Je ne peux, doctes confrères, / En moi assez admirer / Quelle bonne invention / Est la profession de médecin ; / Quelle belle chose et bien trouvée / Cette médecine bénie, / Qui, par son seul nom, / Par un surprenant miracle, / Depuis un si longtemps, / Fait vivre à gogo / Tant de gens de tout genre. » // « Par toute la terre nous voyons / La grande vogue où nous sommes / Et que grands et petits / Sont infatués de nous. / Le monde entier, courant à nos remèdes, / Nous regarde comme des dieux, / Et à nos ordonnances / Vous voyez princes et rois soumis. » // « Donc il est de notre sagesse, / De bon sens et de prudence, / De fortement travailler / à nous bien conserver / Dans un tel crédit, une telle vogue et un tel honneur ; / Et de prendre garde à ne recevoir / Dans notre docte corps / Que des personnes capables, / Et tout à fait capables de remplir / Ces places honorables. » // « C'est pour cela que vous êtes convoqués maintenant, / Et je crois que vous trouverez / Digne matière à faire un médecin / Dans l'homme savant que voici, / Lequel, en toutes choses, / Je donne pour être interrogé, / Et examiné à fond par vos capacités. »

Est medici professio ;
Quam bella chosa est et bene trovata,   [254]
Medicina illa benedicta,
                    Quae suo nomine solo,
                    Surprenanti miraculo,
                    Depuis si longo tempore,
                    Feint à gogo Vivera
                    Tant de gens omni genere.

                    Per totam terram videmus
                    Grandam ogams ubi sumus,
                    Et quod grandes et petiti
                    Sunt de noirs infatuti.
Totus mundus, currens ad nostros remedios,
                    Nos regardat sicut deos ;
                    Et nostris ordonnanciis
Principes et reges soumissos videtis.

                    Donque il est nostrae sapientiel,
                    Boni sensus atque prudentiae,
                    De fortement travaillare
                    A nos bene conservare
In tali credito, voga, et honore ;
Et prandere gardam à non recevere
                    Il nostro docto corporels
                    Quam personas capabiles,
                    Et totas dignas ramplire
                    Has plaças honorabiles.

C'est pour cela que nunc convocati estis ;
                    Et credo quod trovabitis
                    Dignam materiam medici
                    In sçavanti homine que voici ;

Lequel in chosis omnibus
Dojo ad interrogandum,
Et à fond examinandum
Vostris capacitatibus.

PRIMUS DOCTOR   [255]
Si mihi licenciâmes dat Dominus Praeses,
Et tanti docti doctores,
Et assistantes illustres,
Tres sçavanti bacheliero,
Quem estimo et honoro,
Domandabo causam et rationem, quare
Opium facit dormire.

BACHELIERUS
Mihi a docto doctore
Domandatur causam et rationem, quare
Opium facit dormire.
                    A quoi répondeur,
                    Quia est in eo
                    Virtus dormitiva,
                    Cujus est natura
                    Sensus assoupire.

CHORUS
Bene, bene, bene, bene respondere.
                    Dignus, dignus est entrare
                    In nostro docto corpore.
                    Bene, bene respondere[332].

---

332 Premier interrogatoire sur l'opium et les causes de son action ; la réponse
    par la vertu dormitive se moque des explications aristotéliciennes et
    scolastiques, qui ne sont que tautologies et plaisanteries qui n'expliquent
    rien. Traduction : « PREMIER DOCTEUR : Si le seigneur Président m'en

SECUNDUS DOCTOR

Cum permissions domini praesidis,
Doctissimae Facultatis,
Et totius his nostris actis
Campanile assistantis,
Demandabo tibi, docte Bacheliere,   [256]
Quae sunt remedia,
Quae in maladia
Ditte[333] *hidropisia*
Connvenit facere.

BACHELIERUS

Clisterium dunaire,
Postée seignare,
Ensuitta purgare.

CHORUS

Bene, bene, bene, bene respondere.
Dignus, dignus est entrare
In nostro docto corpore[334].

---

donne la permission, / Et aussi tant de docteurs / Et d'assistants illustres, / Très savant bachelier, / Que j'estime et honore, / Je demanderai la cause et la raison pour laquelle / L'opium fait dormir. Le Bachelier : à moi par le docte docteur / Il est demandé quelle est la cause et la raison pour laquelle / L'opium fait dormir. / À quoi je réponds : / Parce qu'il y a en lui / Une vertu dormitive, / Dont la nature est / D'assoupir les sens. Le Chœur : Bien, bien, bien, bien répondu ; / Il est digne, digne d'entrer / Dans notre docte corps. »

333 Le livret de 1674 donne *Dicta*, qui est d'ailleurs la seule variante par rapport à 1682.

334 Traduction du second interrogatoire : « Second docteur : Avec la permission du seigneur président, / De la docte Faculté, / Et de toute la compagnie qui à nos actes / Assiste, / Je te demanderai, docte Bachelier, / Quels sont les remèdes, / Que, dans la maladie / Appelée hydropisie, / Il convient de donner. // Le Bachelier : Donner un clystère, / Ensuite

TERTIUS DOCTOR

Si bonum semblatur domino Praesidi,
Doctissimae Facultati,
Et companiae praesenti,
Domandabo tibi, docte Bacheliere,
Quae remedia eticis,
Pulmonicis atque asmaticis
Trovas à propos facere.

BACHELIERUS

Clisterium donare,
Postea seignare,
Ensuitta purgare.

CHORUS   [257]

Bene, bene, bene, bene respondere.
Dignus, dignus est entrare
In nostro docto corpore[335].

QUARTUS DOCTOR

Super illas maladias,
Doctus Bachelierus dixit maravillas ;

---

saigner, / Ensuite purger. // LE CHŒUR : Bien, bien, bien, bien répondu ; /
Il est digne, digne d'entrer / Dans notre docte corps. »

335 Troisième interrogatoire qui, comme les suivants, s'attirera la même
réponse du Bachelier, qui ne connaît comme remèdes – féroce satire de
la médecine rétrograde, qui ne professe que ces vieux remèdes ! – que la
purge et la saignée. Traduction : « TROISIÈME DOCTEUR : Si cela semble
bon au seigneur Président, / à la docte Faculté / Et à la compagnie présente, / Je te demanderai, docte Bachelier, / Quels remèdes aux étiques
[ceux qui sont atteints d'étisie, maladie qui les fait maigrir et fait fondre
leur corps], / Aux pulmonaires et aux asthmatiques / Tu trouves à propos
de donner. // LE BACHELIER : Donner un clystère, / Ensuite saigner, /
Ensuite purger. // LE CHŒUR : Bien, bien, bien, bien répondu ; / Il est
digne, digne d'entrer / Dans notre docte corps. »

Mais si non ennuyo dominum Praesidem,
Doctissimam Facultatem,
Et totam honorabilem
Compatie écoutantem,
Faciam illi unam questionem.
De hiero malards unus
Tombavit in meas manus :
Habet grandam fiévram cum redoublamentis,
Grandam dolorem capitis,
Et grandum malum au côté,
Cum granda difficultaté
Et pena respirare.
Veillas mihi dire,
Docte Bacheliere,
Quid illi facere.

BACHELIERUS
Clisterium donare,
Postea seignare,
Ensuitta purgare.

QUINTUS DOCTOR
Mais si maladia
Opiniatria,
Non vult se garire,   [Tome VIII. Y] [258]
Quid illi facere ?

BACHELIERUS
Clisterium donare,
Postea seignare,
Ensuita purgare, renseignée, repu garé,
Et recliterisare.

CHORUS

Bene, bene, bene, bene respondere.

Dignus, dignus est entrare
In nostro docto corpore[336].

PRAESES[337]

Juras garder statuta
Per Facultatem praescripta,
Cum sensu et jugeamento ?

---

336 Dernière interrogation, sur un cas concret – comme cela se faisait dans le déroulement réel des examens de médecine. Traduction : « QUATRIÈME DOCTEUR : Sur ces maladies, / Le docte Bachelier dit merveilles. / Mais si je n'ennuie pas le seigneur Président, / La docte Faculté, / Et toute l'honorable / Compagnie qui écoute, / Je lui ferai une question. / Hier un malade / Est tombé entre mes mains : / Il a une grande fièvre qui redouble, / Un grand mal de tête, / Et une grande douleur au côté, / Avec une grande difficulté / Et peine pour respirer. / Veuille me dire / Docte Bachelier, / Ce qu'il faut lui faire. BACHELIER : Donner un clystère, / Ensuite saigner, / Ensuite purger. // CINQUIÈME DOCTEUR : Mais si la maladie, / Opiniâtre, / Ne veut pas se guérir, / Que lui faire ? BACHELIER : Donner un clystère, / Ensuite saigner, / Ensuite purger, resaigner, repurger / Et à nouveau donner un clystère [le livret de 1673 n'a pas ces derniers redoublements]. // LE CHŒUR : Bien, bien, bien, bien répondu ; / Il est digne, digne d'entrer / Dans notre docte corps. »

337 Après l'interrogatoire vient la prestation de serment du récipiendaire, où l'on reconnaît également des éléments de réalité de la réception du nouveau docteur. Elle est ponctuée des *juro* du candidat ; c'est à l'un de ces *juro*, le soir de la quatrième représentation, que Molière, dit-on, fut pris de malaise, mais on ajoute qu'il termina le spectacle, avant d'être conduit chez lui. Traduction : « LE PRÉSIDENT : Tu jures de garder les statuts / Prescrits par la Faculté / Avec bon sens et jugement ? LE BACHELIER : Je le jure. LE PRÉSIDENT : D'être, dans toutes / Les consultations, / De l'avis des anciens, / Qu'il soit bon / Ou mauvais ? LE BACHELIER : Je le jure. LE PRÉSIDENT : De ne jamais te servir / D'aucun autre remède / Que de ceux seulement de la docte Faculté, / Le malade dût-il crever / Et mourir de son mal ? LE BACHELIER : Je le jure. LE PRÉSIDENT : Moi, avec ce bonnet [le bonnet carré des docteurs] / Vénérable et docte, / Je te donne et concède / La vertu et le pouvoir / De soigner, / De purger, / De saigner, / De Percer, / De tailler, / De couper / Et de tuer / Impunément par toute la terre. »

BACHELIERUS

Juro.

PRAESES

Enserre, in omnibus
Consultationibus,
Ancieni aviso,
         Aut boni,
         Aut mauvaiso ?

BACHELIERUS

Juro.

PRAESES   [259]

De non jamais te servire
De remédies aucunis
Quam de ceux seulement doctae Facultatis,
    Malandu deust-il crevare
    Et mori de suo malo ?

BACHELIERUS

Juro.

PRAESES

Ego, cum sit bonitos
Venerabili et docto,
Dono tibi et concedo
Virtutem et puissanciam
         Medicandi,
              Purgandi,
              Seignandi,
              Perçais,
              Tailladé,

Coupandi,
Et occidendi
Impune per totam terram.

ENTRÉE DE BALLET

Tous les chirurgiens et apothicaires viennent lui faire la révérence en cadence.

BACHELIERUS[338]
Grandes Doctores doctrinae,
De la rhubarbe et du séné,
Ce serait sans douta à moi chosa folla,
Inepta et ridicula,
Si j'allloibam m'engageare
Vobis louangeas donare,
Et entreprenoibam adjoutare
Des lumieras au soleillo,   [Y] [260]
Et des Etoiles au civelot,
Des ondas à l'oceano,
Et des rosas au printanno.

---

338 Vient le remerciement du nouveau docteur en médecine ; il fait écho au compliment adressé par Thomas Diafoirus à Argan, en II, 5. Traduction : « Grands docteurs de la doctrine, / De la rhubarbe et du séné, / Ce serait sans doute à moi chose folle, / Inepte et ridicule, / Si j'allais m'engager / à vous donner des louanges, / Et si j'entreprenais d'ajouter / Des lumières au soleil / Et des étoiles au ciel, / Des ondes à l'océan / Et des roses au printemps. / Agréez qu'avec un mot / Pour tout remerciement, / Je rende grâce à un corps si docte. / À vous, à vous, je dois / Bien plus qu'à la nature et qu'à mon père : / La nature et mon père / M'ont fait homme ; / Mais vous, ce qui est bien plus, / M'avez fait médecin, / Honneur, faveur et grâce, / Qui, dans ce cœur que voilà, / Impriment une reconnaissance / Qui durera des siècles. LE CHŒUR : Que vive, vive, vive, vive, vive cent fois / Le nouveau docteur, qui parle si bien ! / Que mille, mille ans il mange et boive, / Et saigne et tue ! »

Agreate qu'avec uno moto,
Pro toto remercimento,
Randam gyration corpori tam docto.
Vobis, vobis debeo
Bien plus qu'à naturae et qu'à patri meo :
Natura et pater meus
Hominem me habent factum ;
Mais vos me, ce qui est bien plus,
Avetis factum medicum,
Honor, favor, et gratia,
Qui, in hoc corde que voilà,
Imprimant ressentimenta
Qui dureront in secula.

CHORUS

Vivat, vivat, vivat, vivat, cent fois vivat
Novus doctor, qui tam bene parlat !
Mille, mille anise et mangeât et bibat,
Et seignet et tuat !

ENTRÉE DE BALLET

Tous les chirurgiens et les apothicaires dansent au son des instruments et des voix, et des battements de mains, et des mortiers d'apothicaires[339].

CHIRURGUS
Puisse-t-il voir doctas
Suas ordonnancias

---

339 Les récipients métalliques dont se servent les apothicaires pour leurs préparations, leurs *mortiers*, sont transformés en instruments de musique et traités par le musicien Marc-Antoine Charpentier comme des cloches, avec leurs lignes sur la partition.

Omnium chirurgorum,
Et apotiquarum
Remplire boutiquas !

CHORUS   [261]

Vivat, vivat, vivat, vivat, cent fois vivat
Novus doctor, qui tam bene parlat !
Mille, mille annis et manget et bibat,
Et seignet et tuat !

CHIRURGUS

Puissent toti anni
Lui essere boni
Et favorabiles,
Et n'habere jamais
Quam pestas, verolas,
Fiévras, pluresias,
Fluxus de sang et dissenterias !

CHORUS

Vivat, vivat, vivat, vivat, cent fois vivat
Novus doctor, qui tam bene parlat !
Mille, mille annis et manget et bibat,
Et seignet et tuat[340] !

---

340 Traduction de ce dernier dialogue entre le Chirurgien et le Chœur : « LE
CHIRURGIEN : Puisse-t-il voir ses doctes / Ordonnances / De tous les
chirurgiens / Et apothicaires / Remplir les boutiques ! LE CHŒUR :
Que vive, vive, vive, vive, vive cent fois / Le nouveau docteur, qui parle
si bien ! / Que mille, mille ans il mange et boive, / Et saigne et tue ! LE
CHIRURGIEN : Puissent toutes les années / Lui être bonnes / Et favorables, /
Et n'avoir jamais / Que pestes, véroles, / Fièvres, pleurésies, / Flux de
sang et dysenteries. LE CHŒUR : Que vive, vive, vive, vive, vive cent
fois / Le nouveau docteur, qui parle si bien ! / Que mille, mille ans il
mange et boive, / Et saigne et tue ! » – La *chirurgie* (« Art qui enseigne à
faire diverses opérations de la main sur le corps humain pour la guérison

DERNIÈRE ENTRÉE DE BALLET

Des médecins, des chirurgiens et des apothicaires, qui sortent tous selon leur rang en cérémonie, comme ils sont entrés.

Fin du Malade imaginaire,
et des Œuvres de Monsieur de Molière.

---

des blessures, plaies, fractures, etc. », selon le *Dictionnaire de l'Académie,* 1694) connut une importante évolution au XVIIe siècle.

INDEX NOMINUM[1]

---

1   Les critiques contemporains sont distingués par le bas-de-casse.

INDEX DES PIÈCES DE THÉÂTRE

TABLE DES MATIÈRES

LE MALADE IMAGINAIRE

Achevé d'imprimer par Corlet,
Condé-en-Normandie (Calvados),
en Mai 2023
N° d'impression : 180868 - dépôt légal : Mai 2023
Imprimé en France